DOMADOR DE RINOCERONTES

ANDRÉIA LOURES-VALE

DOMADOR DE RINOCERONTES

ALTA BOOKS
GRUPO EDITORIAL

Rio de Janeiro, 2023

O QUE ESTÃO FALANDO SOBRE DOMADOR DE RINOCERONTES:

"Por meio de uma parábola, a autora traz uma abordagem simples e didática para lidar com problemas inesperados que podem surgir em nossa vida pessoal e profissional. Ela apresenta uma metodologia eficaz que nos ajudará no controle de nossas emoções diante dessas situações imprevistas. Adorei! Leitura sensacional e imperdível!"

— **Alexandre Gonçalves,** diretor da unidade de Negócios Institucional e Cuidados Especiais no laboratório Aché; tem mais de duas décadas de experiência como executivo da indústria farmacêutica

"Ser um *domador de rinocerontes* é ter a leitura do que está acontecendo agora, ter a visão sistêmica e o olhar de longe para abraçar e provocar as mudanças, sobretudo de uma forma leve, corajosa e ágil. Andréia brilhantemente traz reflexões e provocações de forma profunda e prazerosa sobre o que é necessário saber e desenvolver na Era do Caos. Fantástico!"

— **Shana Wajntraub**, consultora em Gestão de Pessoas, psicóloga, especialista em Gestão de Pessoas e em Neurociências pelo Mackenzie e mestre em Análise do Comportamento e Comunicação pela Metropolitan Manchester University

Domador de Rinocerontes

Copyright © 2023 da Starlin Alta Editora e Consultoria Eireli.
ISBN: 978-85-508-1764-4

Impresso no Brasil — 1ª Edição, 2023 — Edição revisada conforme o Acordo Ortográfico da Língua Portuguesa de 2009.

Todos os direitos estão reservados e protegidos por Lei. Nenhuma parte deste livro, sem autorização prévia por escrito da editora, poderá ser reproduzida ou transmitida. A violação dos Direitos Autorais é crime estabelecido na Lei nº 9.610/98 e com punição de acordo com o artigo 184 do Código Penal.

A editora não se responsabiliza pelo conteúdo da obra, formulada exclusivamente pelo(s) autor(es).

Marcas Registradas: Todos os termos mencionados e reconhecidos como Marca Registrada e/ou Comercial são de responsabilidade de seus proprietários. A editora informa não estar associada a nenhum produto e/ou fornecedor apresentado no livro.

Erratas e arquivos de apoio: No site da editora relatamos, com a devida correção, qualquer erro encontrado em nossos livros, bem como disponibilizamos arquivos de apoio se aplicáveis à obra em questão.

Acesse o site www.altabooks.com.br e procure pelo título do livro desejado para ter acesso às erratas, aos arquivos de apoio e/ou a outros conteúdos aplicáveis à obra.

Suporte Técnico: A obra é comercializada na forma em que está, sem direito a suporte técnico ou orientação pessoal/exclusiva ao leitor.

A editora não se responsabiliza pela manutenção, atualização e idioma dos sites referidos pelos autores nesta obra.

Dados Internacionais de Catalogação na Publicação (CIP) de acordo com ISBD

L892d   loures-vale, Andréia
        Domador de Rinocerontes / Andréia loures-vale. - Rio de Janeiro : Alta Books, 2023.
        256 p. ; 16cm x 23cm.

        Inclui índice.
        ISBN: 978-85-508-1764-4

        1. Autoajuda. 2. Liderança. 3. Sucesso. 4. Negócios. I. Título.

2022-3222   CDD 158.1
                                                        CDU 159.947

Elaborado por Odílio Hilario Moreira Junior - CRB-8/9949

Índice para catálogo sistemático:
1. Autoajuda 158.1
2. Autoajuda 159.947

Produção Editorial
Editora Alta Books

Diretor Editorial
Anderson Vieira
anderson.vieira@altabooks.com.br

Editor
José Ruggeri
j.ruggeri@altabooks.com.br

Gerência Comercial
Claudio Lima
claudio@altabooks.com.br

Gerência Marketing
Andréa Guatiello
andrea@altabooks.com.br

Coordenação Comercial
Thiago Biaggi

Coordenação de Eventos
Viviane Paiva
comercial@altabooks.com.br

Coordenação ADM/Finc.
Solange Souza

Direitos Autorais
Raquel Porto
rights@altabooks.com.br

Assistente Editorial
Ana Clara Tambasco

Produtores Editoriais
Paulo Gomes
Maria de Lourdes Borges
Illysabelle Trajano
Thales Silva
Thiê Alves

Equipe Comercial
Adenir Gomes
Ana Carolina Marinho
Daiana Costa
Everson Rodrigo
Fillipe Amorim
Heber Garcia
Kaique Luiz
Luana dos Santos
Maira Conceição

Equipe Editorial
Beatriz de Assis
Betânia Santos
Brenda Rodrigues
Caroline David
Gabriela Paiva
Henrique Waldez
Kelry Oliveira
Marcelli Ferreira
Mariana Portugal
Matheus Mello
Milena Soares

Marketing Editorial
Amanda Mucci
Guilherme Nunes
Jessica Nogueira
Livia Carvalho
Pedro Guimarães
Talissa Araújo
Thiago Brito

Atuaram na edição desta obra:

Revisão Gramatical
Alessandro Thomé
Thamiris Leiroza

Diagramação
Rita Mota

Editora afiliada à:

Rua Viúva Cláudio, 291 — Bairro Industrial do Jacaré
CEP: 20.970-031 — Rio de Janeiro (RJ)
Tels.: (21) 3278-8069 / 3278-8419
www.altabooks.com.br — altabooks@altabooks.com.br
Ouvidoria: ouvidoria@altabooks.com.br

DEDICATÓRIA

Aos meus filhos Lucas, Raquel e Luiza.
Minha admiração e orgulho pelos seres humanos que vocês são!

---

*"Plante seu jardim e decore sua alma,
ao invés de esperar que alguém lhe traga
flores. E você aprende que realmente pode
suportar, que realmente é forte,
e que pode ir muito mais longe depois
de pensar que não se pode mais. E que
realmente a vida tem valor e que você tem
valor diante da vida!"*

– William Shakespeare

AGRADECIMENTOS

Durante nossa vida, somos impactados por pessoas. Em algumas situações, percebemos esse valor imediatamente, mas em outras, só entendemos aqueles ensinamentos muito depois. Seria impossível agradecer a cada um, mas gostaria de deixar essa homenagem aqui a diversas pessoas com quem pude aprender em todos esses anos.

Agradeço a Deus por todas as oportunidades que tive e ainda terei!

À minha família, por sempre estar comigo. À fortaleza da minha mãe, que me fez ser uma guerreira.

Às minhas amigas queridas Beatriz Kober, Denize Gazzinelli e Raquel Vieira, que vivenciaram comigo a necessidade de "domar alguns rinocerontes" durante minha vida.

À Luciana Ogusco e ao Ricardo Shinyashiki, do GenteLab, por acreditarem no potencial de minhas ideias.

Ao jornalista e amigo de longa data Pedro Gontijo, que sempre acreditou em meus sonhos e me ajudou a executá-los, mesmo quando ninguém mais acreditava. Por várias vezes, quase desisti, mas ele não deixou! Este livro não existiria sem ele.

Ao Eduardo Villela, "meu" editor! Seu trabalho calmo, cuidadoso e criterioso é exemplar! Sua paciência então...

Aos que ajudaram a tornar este livro uma realidade: revisores, diagramadores, ilustradores.

À Michele Wucker, autora, comentarista e analista política estadunidense, que despertou em mim o entendimento da importância de reconhecermos e mapearmos nossos "rinocerontes cinzas".

Aos meus amigos que aceitaram a tarefa de ler meus rascunhos e me ajudaram a fazer melhor: Erika Viana, Fabio Manente, Gustavo Quintão, Maria Fernanda Moraes e Ramon Abel.

Ao Milton Barreto, pelo cuidado e pelas correções.

Àqueles que não somente leram, mas dedicaram um tempo para escrever sua opinião e me permitiram compartilhar com vocês: Alexandre Gonçalves, Cristiano Kruel, Christiano Silva, Heloisa Úngaro, Luiz Fernando Pedrucci e Shana Wajntraub.

A cada um que ache que esse conteúdo possa ser útil e o divulgue, meu agradecimento!

"Não importa o que você perdeu ou o que mudou tão drasticamente, você pode recomeçar sua vida do zero e alcançar metas ainda maiores."

– Neale Donald Walsch

"Você vai se preocupar
quando já for tarde demais."

J.D. Salinger — *O Apanhador no Campo de Centeio*

SUMÁRIO

APRESENTAÇÃO	15
PREFÁCIO	19
INTRODUÇÃO	23
1. TEM UM RINOCERONTE PRESTES A TE ATACAR	31
2. LETÍCIA	47
3. VÍTOR	69
4. MICHELE	89
5. MICHEL	109
6. DOMADOR DE RINOCERONTES: FUNDAMENTOS	129
7. DOMADOR DE RINOCERONTES: HABILIDADES	151
8. DOMADOR DE RINOCERONTES: METODOLOGIA	187
9. DOMADORES DE RINOCERONTES: O GUIA	227
CONCLUSÃO: ALÉM DA METÁFORA	247
ÍNDICE	251

APRESENTAÇÃO

por Christiano Silva*

D*omador de Rinocerontes* surpreende pela leveza com que oferece profundas reflexões sobre como observamos e reagimos a situações do nosso cotidiano ou que acontecem em momentos específicos da vida. É literalmente uma deliciosa conversa de mineiro, muito bem escrito por quem já viveu, profissional e pessoalmente, um leque de experiências que legitimam a autoria do livro.

Identificar rinocerontes em nossa vida e entender se podemos domá-los ou se devemos fugir deles são alguns dos aprendizados que temos ao terminar este livro. Embalado por um enredo que conta com uma interessante metáfora, o leitor entenderá como pequenos sinais e sintomas, para ficar no idioma médico, nos contam o que está por chegar, nos oferecendo oportunidades para nos preparar, reinventar, agir e prevenir piores consequências. Identificar o caos que se aproxima, antes que ele bata à nossa porta, pode ser decisivo para a sobrevida de empresas, famílias e mesmo para a própria sobrevivência. Quantas empresas minimizaram ou sequer tiveram interesse em ouvir a respeito do estranho surto de gripe no sul da China que poucos meses depois se tornaria o maior problema sanitário em mais de um século? Do mesmo modo, quantos de nós preferem não enfrentar uma situação no âmbito profissional ou pessoal acreditando que tudo se resolverá sozinho?

Esta obra tem a habilidade de trazer, em um texto fluido e absolutamente claro, conceitos sobre comportamento humano que explicam por que ainda fazemos o que fazíamos há décadas e como reinventar nossa forma de pensar e agir mediante as revoluções que nossa geração já viveu, como a digital. Impressiona a graciosidade com que a autora discorre sobre os fundamentos do comportamento humano sem que isso se torne uma discussão técnica, o que torna este livro mais do que acessível para qualquer leitor. Torna **Domadores de Rinocerontes** uma leitura oportuna para o momento em que vivemos. O caos é nosso cotidiano. Os rinocerontes nos ameaçam onde quer que estejamos — no trabalho virtual ou presencial ou até mesmo no seio familiar. Domar ou fugir? Como reinventar uma história que parece não ter outra forma de ser escrita? Como identificar precocemente o *tsunami* que está por chegar e se preparar para ele? Convido você a encontrar essas respostas neste livro e sugiro que tenha um café coado e algumas fatias de queijo à mão, pois a conversa será boa.

*Christiano Silva é mineiro, como a autora, nascido em São Lourenço. Formado pela Faculdade de Medicina de Itajubá, fez residência médica em Cardiologia no Incor-USP, em São Paulo, onde conseguiu seu título de doutorado e trabalhou por vários anos nas unidades de insuficiência cardíaca e de emergências médicas. Em 2007, iniciou carreira na indústria farmacêutica, e desde então atuou em empresas como Abbott, AbbVie, Boheringer-Ingelheim, Roche e Sanofi. Sua última posição no Brasil foi como gerente-geral da Biogen, empresa estadunidense de biotecnologia. Atualmente ele trabalha e mora em Boston, onde lidera o processo de desenvolvimento de um novo medicamento para esclerose lateral amiotrófica pela Biogen.

PREFÁCIO

por Cristiano Kruel*

Existem pessoas que preferem permanecer em um presente triste ou até retornar para um passado ruim a avançar para um futuro incerto. Por quê?

A incerteza cria um desconforto estranho nas pessoas, às vezes visceral, e isso parece ser mais forte naquelas que já alcançaram um relativo sucesso. Talvez isso ocorra porque, do outro lado, a sensação de segurança e conforto parece estar ligada diretamente a nossa capacidade de prever, planejar e controlar os eventos.

Mas, se nesses últimos anos você tem observado de forma mais atenta o que vem acontecendo no mundo, deve ter percebido que ele está cheio de novas descobertas, novas tecnologias e comportamentos, diferentes maneiras de criar e desenvolver negócios, tendências de transformação em praticamente todos os mercados e profissões. Ou seja, a imprevisibilidade está abundante.

Se você tem fobia à ambiguidade, aqui no sentido daquilo que é mais incerto ou indefinido, acho que tenho uma má notícia para contar para você: a confusão aumentará.

Pense comigo. A cada dia que passa, o mundo tem mais pessoas, mais dados, mais experimentos, mais startups, mais ofertas, mais websites, mais cliques, mais curtidas, mais opiniões, mais conhecimento, mais diversidade... e novos desafios. Então eu acho razoável imaginar que existe uma gama maior de possíveis futuros diante de nós, porque a combinação dessas variáveis todas sugere que mais coisas podem acontecer daqui a algum tempo. E são muito mais coisas do que poderiam ter acontecido na vida de nossos avós, e muito menos do que poderão acontecer na vida de nossos netos. Então me parece ingênuo acreditar que somos capazes de saber tudo, prever e controlar o futuro.

Mas está tudo bem, pois eu também tenho uma boa notícia para compartilhar: a incerteza nos ajuda a criar futuros melhores.

Navegue novamente comigo. Quando nos acostumamos com as coisas como elas são, acabamos reféns do conformismo e esquecemos de nos perguntar: "Por que não?" Mas se conseguimos questionar o presente, aumentar nosso repertório de possibilidades e aprender a experimentar sem danos, temos mais chance de conseguir redesenhar e influenciar nosso futuro. E isso é libertador, pois significa sonhar, fazer, aprender e viver.

Olha que legal! Não precisamos mais ter tanta certeza, basta termos mais clareza. Não precisamos mais saber tudo, basta aprendermos novas formas de pensar. Não precisamos mais tentar controlar o mundo, basta apenas controlar a nós mesmos. Mas precisamos renovar nossas lentes para conseguir entender a realidade.

Este livro nos ajuda a refletir sobre tudo isso.

Anos atrás, no Vale do Silício, conheci uma pessoa muito legal. Essa pessoa incomum é a Andréia Loures-Vale, a autora deste livro. As coisas que ela já viveu, a coragem que ela tem, a simplicidade com que ela pensa, a educação que ela tem e a maneira como ela mistura inquietude e serenidade me provocam e me desafiam. E é muito bom conhecer pessoas que causam isso na gente.

Neste livro, Andréia nos mostra sua habilidade de simplificar temas complexos, contar histórias, criar analogias, montar roteiros e conectar os pontos. Tudo para aprendermos novas maneiras de lidar com a inevitável incerteza.

Divirta-se!

*__Cristiano Kruel__ é empreendedor serial e head of Intelligence & Innovation da StartSe.

INTRODUÇÃO

❝ Um novo tipo de pensamento é essencial para a humanidade sobreviver e alcançar níveis mais elevados."* Albert Einstein disse isso em 1946, no contexto dos perigos iminentes gerados pelo advento da bomba atômica.

Passei algumas décadas lidando com problemas profissionais e pessoais provavelmente tão intensos como os seus ou os de qualquer pessoa. Sou médica, já fui DJ e produtora, apresentadora de rádio e TV, empresária. Já presidi a Sociedade Mineira de Cardiologia, trabalhei em postos relevantes da indústria farmacêutica. Também já deixei tudo isso de lado para viver com meus três filhos adolescentes por um ano nos Estados Unidos. Em outro momento, tentei uma forma de vida intensamente diferente, abrindo uma sorveteria na cidade de Florianópolis, Santa Catarina. Fali e me reergui.

Uma das coisas que nos une é o fato de que todos nós, sem exceção, somos desafiados a lidar com problemas graves. O que nos diferencia é o modo que criamos ou escolhemos para enfrentá-los.

Nunca fui adepta do vitimismo. Sempre me senti intrigada por esse pensamento de Einstein clamando por uma nova forma de consciência. A versão historicamente inexata, mas muito mais popular (pela internet), dessa frase de Einstein, impactava-me ainda mais: "Nenhum problema pode ser resolvido pelo mesmo estado de consciência que o criou."

Mesmo que Einstein não tenha dito exatamente essa frase, é precisamente isso que a realidade da vida nos diz. Após algumas

---

* Atomic education urged by Einstein. *The New York Times*, 25 de maio de 1946.

Uma das coisas que nos une é o fato de que todos nós, sem exceção, somos desafiados a lidar com problemas graves. O que nos diferencia é o modo que criamos ou escolhemos para enfrentá-los.

décadas superando problemas, fracassando, aprendendo, sendo bem-sucedida, pesquisando, estudando, resolvi dedicar os últimos três anos para sistematizar o que aprendi e escrever este livro. Trata-se de uma obra com uma proposta prática para avançarmos no desafio de funcionarmos em um grau mais elevado de consciência, resolvermos nossos desafios profissionais e pessoais de modo mais eficaz e alcançarmos nossos sonhos.

Em 1946, Einstein estava preocupado com o uso bélico da tecnologia atômica. Agora, no início do terceiro milênio, estamos lidando com uma avalanche de fenômenos igualmente perigosos: aquecimento global, pandemia, crises financeiras globais... Neste livro, apresentarei com mais detalhes como vejo as dinâmicas deste mundo pós-digital, quebradiço, ansioso, frágil, incompreensível e caótico.

O que é importante ressaltar neste momento é que nossas carreiras e nossos projetos de vida estão, sim, ameaçados por "bombas atômicas sucessivas". E é preciso mudar nosso estado de consciência para superar realmente esses problemas e gerir bem esses perigos. Por isso aprender a se tornar um "domador de rinocerontes" é tão relevante.

No Capítulo 1, entenderemos melhor as dinâmicas do mundo atual nesta Era do Caos. Discutiremos o que significa a busca por sucesso e o exercício da liderança nesse contexto. Essa trajetória reflexiva inicial nos permitirá construir uma compreensão clara do que são os "rinocerontes" da Era do Caos.

Do Capítulo 2 ao 5, contarei uma história. A história da família Andreozzi é uma obra de ficção que inventei inspirada em vários casos reais que conheço. A narrativa nos ajudará a compreender o conceito de "domadores de rinocerontes" de modo mais sensível, compreensivo, do que nos permitem as explicações técnicas e teóricas. Contar histórias é uma das mais poderosas

O que é importante ressaltar neste momento é que nossas carreiras e nossos projetos de vida estão, sim, ameaçados por "bombas atômicas sucessivas". E é preciso mudar nosso estado de consciência para superar realmente esses problemas e gerir bem esses perigos. Por isso aprender a se tornar um "domador de rinocerontes" é tão relevante.

ferramentas para compartilhar conceitos complexos, perceptíveis quando os enredamos em situações concretas narradas.

Do Capítulo 6 ao 8, apresentarei de forma mais objetiva as teorias e as técnicas que constituem essa proposta de um novo tipo de pensamento — "os domadores de rinocerontes". No Capítulo 6, apresento pontos de vista teóricos e analíticos que fundamentam a proposta. No Capítulo 7, explicito com mais detalhes as cinco habilidades necessárias a um "domador de rinocerontes". No Capítulo 8, ofereço a essência da metodologia proposta, incluindo instrumentos práticos para exercitar as habilidades necessárias, avaliar os "rinocerontes" e "domá-los".

No Capítulo 9, resumo todos os instrumentos práticos e os principais aspectos teóricos em um guia rápido, para facilitar a consulta. Por fim, na Conclusão, termino o livro dialogando sobre o poder desta metáfora: enfrentarmos os problemas atuais de nossas carreiras ou de nossa vida pessoal como domadores de rinocerontes.

Ao ler este livro, você compreenderá melhor o ambiente em que vivemos, entenderá as dinâmicas e os princípios da Era do Caos, aprenderá a canalizar a força criativa dos acontecimentos perigosos ao redor para a realização de seus sonhos, conhecerá as cinco habilidades necessárias e como treiná-las, aprenderá o diagrama RINO-DOMA, essencial para avaliar os problemas que desafiam você antes de começar a tentar domá-los, e entenderá o fluxograma da aplicação prática desses conceitos em suas situações reais. Em resumo, eu espero que você, leitor, ao terminar a última página e fechar o livro, abra novas portas de compreensão e intervenção em sua realidade, principalmente diante daqueles problemas que *parecem* insolúveis e desesperadores.

A versão historicamente inexata, mas muito mais popular (pela internet), dessa frase de Einstein, impactava-me ainda mais: "Nenhum problema pode ser resolvido pelo mesmo estado de consciência que o criou." Mesmo que Einstein não tenha dito exatamente essa frase, é precisamente isso que a realidade da vida nos diz.

Em resumo, eu espero que você, leitor, ao terminar a última página e fechar o livro, abra novas portas de compreensão e intervenção em sua realidade, principalmente diante daqueles problemas que *parecem* insolúveis e desesperadores.

CAPÍTULO 1

TEM UM RINOCERONTE PRESTES A TE ATACAR

TEM UM RINOCERONTE PRESTES A TE ATACAR

(TEM UM RINOCERONTE PRESTES A TE ATACAR)

Você sempre foi um líder, mas o mundo mudou, e suas habilidades de liderança não trazem mais os mesmos resultados. O risco do fracasso está batendo à porta. Ou talvez já tenha derrubado as paredes e desabado sobre sua cabeça. Não importa. Você pode se reconfigurar e (re)construir seu sucesso. O futuro chegou e trouxe o caos. Para sobreviver, reinventar-se e ter sucesso, é preciso aprender novas formas de trabalhar e de viver... Emerge uma nova forma de líder: os domadores de rinocerontes!

(EI, NÃO É SÓ UMA MANCHA!)

Esqueça as estratégias voltadas para tentar administrar o mundo exterior: empresa, clientes, família, amigos. O caos será cada vez mais intenso e exigirá muito mais de você. A liderança necessária para ter sucesso na Era do Caos se desdobra da arte de liderar a si mesmo. Liderar a si mesmo começa com observar e conhecer seus funcionamentos internos e ir muito além nessa habilidade. Neste momento da humanidade, significa atualizar frequentemente sua forma de funcionar no mundo, explorar as infinitas formas de ser quem você pode ser, estar em contínua atualização para versões de si mais adaptadas às novas necessidades... Necessidades que mudam a uma velocidade vertiginosa! Para não perder o equilíbrio de vez e desabar, você precisará conhecer muito intimamente seu eixo, seu sentido de vida, realizar muitas reviravoltas, muitas reinvenções de si mesmo, em uma espiral ascendente de inovação pessoal.

(JÁ COMEÇOU A ENTENDER QUE ESSA MANCHA NA SUA FRENTE É UM RINOCERONTE PRONTO PARA TE ATACAR? AÍ, DENTRO DE SUA CASA, NA SUA "ÁREA DE CONFORTO"? AINDA NÃO?)

Não esqueça tudo o que você sabe sobre si mesmo. Nada disso! Tudo o que você sabe sobre si mesmo será útil, mas terá de ir além de todos os pensamentos e emoções que limitam você a perceber como tudo o que ainda não sabe sobre si é muito, mas muito maior do que o que conhece. A forma mais rápida e certa de ser soterrado pela avalanche de caos desta nova era é justamente agarrar-se às histórias que contou para si mesmo sobre o que é a vida e sobre quem é você.

(SÓ ASSIM VOCÊ ABRIRÁ OS OLHOS E ENXERGARÁ QUE TEM UM RINOCERONTE VINDO EM SUA DIREÇÃO!)

Sim, tem um rinoceronte na sua frente, e você precisa parar de negar sua existência. Um rinoceronte parece não fazer sentido neste texto, muito menos em sua vida! Mas só porque suas lógicas não são suficientes para explicar como um rinoceronte veio parar aqui, não quer dizer que você deve desconsiderar o fato diante de seus olhos: tem um rinoceronte na sua frente.

Será preciso atravessar a negação, a confusão, a raiva e o pânico para ser capaz de agir e domar essa fera. Um rinoceronte pode fazer um estrago tremendo na sua vida... Mas será preciso atravessar o medo. Vamos juntos!

Michele Wucker,* ao estudar colapsos econômicos como as crises da Argentina em 2001 e da Grécia em 2011–2012, criou o conceito dos Rinocerontes Cinzas (*Gray Rhino*) — acontecimentos grandes, rápidos e perigosos que estão vindo em nossa direção e que nós tendemos a simplesmente ignorar. Quando decidimos abrir nossos olhos para enxergar os rinocerontes cinzas ao redor, descobrimos que eles estão por toda parte, da economia mundial ao dia a dia dos relacionamentos familiares.

Michele nos conta que, em 2006, o rinoceronte vindo em sua direção era uma notícia muito recorrente: a incrível escalada no preço dos imóveis nos Estados Unidos. Apesar da euforia de muitos, alguns economistas de várias partes do mundo alertavam para um problema óbvio. Muitas pessoas preferiram negá-lo porque seus alertas pareciam exagerados demais. Em 2008, assistimos a um colapso do sistema financeiro mundial: bancos importantes faliram, países tiveram suas reservas nacionais derretidas, o mercado acionário global perdeu quase metade de seu valor: milhões e milhões de pessoas perderam todos os recursos que tinham.

Essa crise de 2008, que começou nos Estados Unidos, também chegou aqui no Brasil um pouco depois, mas creio que outros

---

* Michele M. Wucker, nascida em 1969, é uma autora estadunidense, comentarista e analista de políticas especializada em economia mundial e antecipação de crises. Ela é autora de *The Gray Rhino: how to recognize and act on the obvious dangers we ignore*; *Lockout: why America keeps getting immigration wrong when our prosperity depends on getting it right*; *Why the Cocks Fight: Dominicans, Haitians, and the struggle for Hispaniola* e *You Are what You Risk: the new art and science of navigating an uncertain world*.

Será preciso atravessar a negação, a confusão, a raiva e o pânico para ser capaz de agir e domar essa fera. Um rinoceronte pode fazer um estrago tremendo na sua vida... Mas será preciso atravessar o medo. Vamos juntos!

casos brasileiros podem servir melhor de exemplo para começarmos a compreender os rinocerontes na nossa vida e como eles são cada vez mais frequentes nos últimos 30 anos. Lembra de 1990? Uma hiperinflação de 84% ao mês e o confisco por 18 meses de 80% de todos os recursos que os brasileiros tinham em suas contas bancárias? Lembra do apagão em 2001 e do racionamento obrigatório da energia elétrica em todo o país? Ou da crise hídrica em São Paulo entre 2014 e 2016? O trágico rompimento das barragens de Mariana em 2015 e Brumadinho em 2018? A crise política institucional da República e as vertiginosas manifestações nas ruas entre 2013 e 2017? Como você e seus negócios foram impactados por esses acontecimentos?

Não foram acidentes pontuais e, mesmo que tenhamos sobrevivido a eles, seus efeitos continuam hoje. São alguns dos eventos que mudaram intensamente nossa vida e nossos negócios de uma hora para outra. Será que foram mesmo assim "de uma hora para outra"? Embora exista quem insista em compreender alguns desses eventos como se fossem "acidentes raros e inevitáveis", com um pouquinho de reflexão sincera percebemos que foram causados também por uma sequência de ações e omissões tanto do governo quanto da sociedade civil e que seus acontecimentos mais críticos não foram tão repentinos como parecem. O rinoceronte já estava na sala um bom tempo antes do dia fatídico em que, "de repente", começou a quebrar tudo ao redor.

Talvez nenhum outro exemplo de rinoceronte na sua sala seja mais evidente do que a pandemia de Covid-19. Em dezembro de 2019, o rinoceronte na sua sala era uma notícia muito recorrente na mídia: um novo vírus, no interior da China, estava expandindo sua zona de contágio aceleradamente. Mais uma vez, muitos de nós, principalmente aqui do Brasil, tão longe, preferimos negar a importância desse acontecimento porque os alertas pareciam exagerados demais. Em março de 2020, a pandemia já estava instalada por todo o mundo e havia começado a disparar também aqui no Brasil, gerando milhares de mortes, fechando comércios e indústrias. Por muitos meses, fomos forçados a ficar em casa e manter o distanciamento social para tentar conter o imenso estrago. Hoje, dia 06 de setembro de 2022, a pandemia está sob controle, mas já morreram mais de 6,5 milhões de pessoas no mundo, quase 700 mil só no nosso país.

Esta é a melhor narrativa para compreender a Era do Caos: manadas de rinocerontes estão correndo em várias direções. Rinocerontes são coisas grandes, perigosas e rápidas que podem causar um imenso estrago. Às vezes, um rinoceronte invade seu trabalho ou sua casa, afetando também sua família.

Ele está aqui, na sua frente, agora! Então, o que a maioria de nós faz? Surpreendentemente, negamos sua existência! Evitamos o assunto, desviamos o olhar, como se ele fosse evaporar. Não queremos nem pensar sobre isso. Mas ele não some. Ele é real. É absurdo e, talvez, desesperador, mas é real. Atravessar o medo e a negação é só o início da jornada que faremos: será preciso **domar** esse rinoceronte.

Para ter sucesso no mundo do futuro (que já chegou), você precisará liderar a si mesmo diante do caos, ser capaz de atravessar condicionamentos mentais e emocionais para, enfim, domar esses rinocerontes que continuarão invadindo sua vida. Seja lá qual for sua área de trabalho, ou a posição que ocupa em sua carreira, o líder do futuro que você pode e deve ser é um "domador de rinocerontes". A proposta deste livro é justamente ajudar você a se tornar um.

MAS O QUE É SUCESSO?

Ser rico? Realizar desejos? Viajar o mundo? Ser admirado? Ter poder de influenciar a sociedade? Ter uma família sólida e amorosa? Ter saúde e a consciência limpa? Afinal, o que é sucesso?

Esta é a melhor narrativa para compreender a Era do Caos: manadas de rinocerontes estão correndo em várias direções. Rinocerontes são coisas grandes, perigosas e rápidas que podem causar um imenso estrago. Às vezes, um rinoceronte invade seu trabalho ou sua casa, afetando também sua família.

Existem muitas definições. Você pode escolher a que mais tem a ver com você, ou pode criar o seu próprio entendimento do que é sucesso! Contudo, acho importante deixar mais evidente o que eu entendo por sucesso, pois já usei essa palavra nove vezes desde a primeira página deste livro. Então, vamos lá!

Até onde vejo, a definição mais compreensiva e prática é a de Nassim Taleb — o renomado criador do conceito de Cisne-Negro. No dia 22 de dezembro de 2017, em seu discurso para uma cerimônia de graduação na Universidade Americana de Beirute, Taleb disse:

> (...) eu tenho uma única definição de sucesso: você olha no espelho toda noite e se pergunta se você desaponta seu eu de 18 anos, aquele "eu" bem antes da idade em que as pessoas começam a ser corrompidas pela vida. Deixe que ele ou ela seja o único juiz; não sua reputação, não sua riqueza, não seu status na comunidade, não as decorações em sua lapela. **Se você não se sente envergonhado, você é bem-sucedido**. Todas as outras definições de sucesso são construções modernas; frágeis construções modernas.

Esse sentido proposto por Taleb é tão compreensivo e objetivo que fundamenta o primeiro exercício prático dos domadores de rinocerontes:

EXERCÍCIO 1: VERGONHA OU SUCESSO?

1) Encontre uma foto sua com 16 a 18 anos (quando você tinha uma visão intensa e original sobre como seria seu futuro, antes do mundo convencê-lo de que seria mais "realista" não ser tão ousado e deixar tudo mais cinza, árido, pesado e um tanto chato).

2) Fixe essa foto em um local em que você possa olhar com frequência, pelo menos três vezes por semana. Pode ser na parede do quarto ou no espelho do banheiro, pode ser na primeira gaveta do seu móvel de cabeceira, ou pode ser como pano de fundo na tela do smartphone.

3) Olhe em seus olhos da foto pelo menos três dias da semana, mostre sua vida para sua versão jovem.

RESULTADO: a) Você se sente envergonhado? Ótimo, já sabe o caminho que deve trilhar para perder a vergonha e ser bem-sucedido; b) Você não sente vergonha? Maravilha, você já tem sucesso! Seu trabalho é sustentar essa conquista e não deixar o trem descarrilhar.

LIDERAR A SI MESMO NA ERA DO CAOS

Há algumas décadas, pensadores contemporâneos definiam os tempos atuais como mundo VUCA (*Volatile, Uncertain, Complex, Ambiguous*), o que em português significa volátil, incerto, complexo e ambíguo. Mais recentemente, ouvimos que não estamos mais no mundo VUCA, e sim no mundo BANI (*Brittle, Anxious, Nonlinear, Incomprehensible*), o que em português significa quebradiço/frágil, ansioso, não linear e incompreensível. Pode ser que no momento em que esteja lendo este livro, outro acrônimo atualize a visão de como o mundo está funcionando. Mas todos esses acrônimos, em essência, nos mostram algo que veio para ficar: o caos. Estamos na Era do Caos.

É preciso reconhecer que somos frágeis. Tudo o que sabemos sobre nós mesmos, nossas afirmações sobre o que fomos, somos e seremos são muito frágeis. Diante do caos, tudo pode e vai ruir, de uma hora para outra, muitas vezes. Mais do que sobreviver às aparentes crises sucessivas (que não são bem crises, como você entenderá melhor mais adiante), podemos realizar nossos sonhos e ser muito felizes. Podemos viver valiosas aventuras! A única coisa parecida com estabilidade que pode nos dar segurança é o desenvolvimento de nossa capacidade de realizar transformações pessoais sempre que as mudanças de condições externas do mundo exigirem. Para isso, será preciso observar nossas emoções e aprender a aceitá-las e entendê-las.

Suas emoções são sua principal fonte de energia para criar o caminho da realização de seus sonhos. Ser um líder do futuro é desenvolver e dominar essa capacidade de aproveitar a energia de suas emoções neste mundo BANI. Essa capacidade é um aspecto decisivo da arte de se tornar um "domador de rinocerontes"! Pare a leitura por um instante e faça o Exercício 2, a seguir, para ampliar sua consciência acerca do impacto de suas emoções na tomada de decisões.

A única coisa parecida com estabilidade que pode nos dar segurança é o desenvolvimento de nossa capacidade de realizar transformações pessoais sempre que as mudanças de condições externas do mundo exigirem.

EXERCÍCIO 2: OBSERVAR AS EMOÇÕES E COMO ELAS IMPACTAM NOSSAS DECISÕES

Estas perguntas devem ser respondidas rapidamente. Pegue papel e caneta e use apenas dez segundos para cada resposta. Se não tiver uma resposta nesse momento, deixe em branco e vá para a próxima pergunta. Repita esse exercício várias vezes, principalmente quando acontecer algo que altere suas emoções.

1) Objetivamente, o que aconteceu?

(Ex.: Minha esposa disse que estou sempre avoado.)

2) Qual foi sua reação emocional?

(Ex.: Raiva.)

3) Qual foi seu julgamento/pensamento?

(Ex.: Chata demais. Muita injustiça!)

> Caso não tenha papel e caneta no momento, você pode anotar as respostas em seu smartphone ou até aqui mesmo neste espaço. Anote em qualquer lugar. O importante é fazer com leveza, rapidez e frequência. Não fique analisando suas respostas, apenas repita o exercício várias vezes. Se precisar deixar alguma pergunta em branco, siga em frente, sem perfeccionismo. Entregue-se ao exercício. Quanto mais você praticar esse exercício, mais tomará consciência de seus processos emocionais. Assim, aumentará sua autonomia para direcionar a energia de suas emoções, em vez de ser escravizado por elas.

Agora que já desenvolvemos uma introdução sobre o que são os rinocerontes na Era do Caos, vamos à história da família Andreozzi, que nos ajudará a entender o que são os "domadores de rinocerontes".

Suas emoções são sua principal fonte de energia para criar o caminho da realização de seus sonhos. Ser um líder do futuro é desenvolver e dominar essa capacidade de aproveitar a energia de suas emoções neste mundo BANI. Essa capacidade é um aspecto decisivo da arte de se tornar um "domador de rinocerontes"!

Uma característica fundamental do mindset do domador de rinocerontes é a capacidade de canalizar e direcionar a energia dos acontecimentos para o que realmente é preciso.

CAPÍTULO 2

LETÍCIA

LETÍCIA

"Meu plano era perfeito, mas eu não contava com uma súbita pandemia!", pensava Letícia, CEO da Sol Foods, assim que desligou a câmera após decidir que teriam uma hora de intervalo antes do seu retorno para aquela reunião online do comitê de crise da empresa. Passou os olhos pelo celular, uma enxurrada de mensagens parabenizando pelos seus 40 anos! *"Quarentona na quarentena..."* Essa expressão era repetida em muitas mensagens. Começou a responder à primeira e desistiu. *"Não, chega! Preciso usar bem essa hora de intervalo. O que farei? Vou trancar a porta do escritório para não ser interrompida, vou apagar a luz e colocar uma música relaxante para dormir por meia hora. Meia hora de sono! É tudo de que preciso. Nos trinta minutos seguintes, vou decidir minha estratégia para a sequência da reunião."*

Deitou-se no sofá-cama do escritório. Começou a controlar a respiração, como havia aprendido havia muito tempo em um workshop de ioga para executivos. Contava cada segundo. Relaxar parecia impossível, mas estava convencida de que só fingir

"Meu plano era perfeito, mas eu não contava com uma súbita pandemia!", pensava Letícia, CEO da Sol Foods, assim que desligou a câmera após decidir que teriam uma hora de intervalo antes do seu retorno para aquela reunião online do comitê de crise da empresa.

para si mesma que estava relaxando, ou seja, mantendo-se de olhos fechados até o alarme despertar na hora marcada, já deveria trazer alguns benefícios. Parecia que havia passado muito tempo quando o interfone tocou e ninguém atendeu. Tocou de novo! E nada. Levantou irritadíssima e se surpreendeu: havia apenas seis minutos que estava tentando relaxar. Parecia uma eternidade!

O interfone continuava tocando insistentemente. *"Vítor vai atender, não vou sair do escritório. Vítor vai atender..."*, dizia para si mesma em pensamento, na esperança de que o marido pudesse cuidar disso. Mas não foi o que aconteceu. Ninguém atendeu, e o interfone continuou tocando. *"Meu Deus, eu tenho que fazer tudo na empresa e aqui em casa também!"* Saiu do escritório e atendeu ao interfone:

— Letícia?

— Sim, quem é?

— Aqui é o Márcio, do 401! Vou chamar a polícia! Já avisei vocês que há uma semana o teto do meu banheiro está pingando... mais do que isso, tem água escorrendo pelo teto e com certeza é algum vazamento no seu banheiro e vocês não fazem nada! Estão me enrolando! Vou chamar a polícia se você não resolver isso imediatamente!

O vizinho do andar de baixo desligou o interfone rispidamente. *"Muito azar, eu tenho muito azar mesmo, não consigo cumprir nem meu descanso de trinta minutos!"* Buscou um bombeiro hidráulico entre seus contatos de prestadores de serviço. O primeiro que contactou não podia realizar o serviço. A esposa dele atendeu a ligação e informou que ele estava internado, com Covid-19. O segundo bombeiro para quem ela ligou disse que poderia ir ao prédio avaliar o caso no dia seguinte. Após muita insistência, Letícia o convenceu a pelo menos passar por cinco minutos lá no apartamento 401, apenas para que o louco do vizinho se acalmasse um pouco e constatasse que ela estava de fato buscando uma solução. Já estava na hora de voltar à reunião do comitê de crise da Sol Foods.

— Vamos lá! Bem-vindas e bem-vindos de volta. Espero que todos tenham aproveitado bem essa hora de intervalo. Agora vamos reavaliar o problema e encaminhar a melhor solução. Daniel, coloque aquela tela com o resumo da situação financeira e a projeção para os próximos doze meses. Essa mesmo, obrigada. Como vocês podem ver, estamos em uma crise, mas ainda conseguimos segurar a operação da empresa, mesmo deficitária, por mais alguns meses. Estou tendendo a decidir por férias coletivas de um mês e pactuar uma redução de 20% em todos os salários durante o próximo mês. Quero ouvir o que vocês acham. Posicionamentos contrários e a favor!

— Letícia? — pediu a palavra o diretor financeiro Daniel Magalhães. — Sou contrário. Quando vejo esse gráfico de projeção do próximo exercício financeiro, o que concluo não é que ainda conseguimos segurar por mais alguns meses. O principal resultado demonstrado nesse gráfico é que a empresa vai falir no próximo semestre! Nós fizemos investimentos enormes em outubro de 2019 contando que dobraríamos nossa produção, mas agora, em março de 2020, fomos obrigados a desacelerar tanto que quase paramos a produção! Não há clientes para nossas refeições industriais. Todos os nossos clientes também pararam de produzir, não há mais demanda para nosso produto. Precisamos agir rápido para salvar a empresa.

— E o que você, Daniel, sugere que devemos fazer então?

— Demitir todos os funcionários cujas rescisões contratuais são menos caras, assim conseguimos um corte definitivo de 50% na folha salarial e podemos segurar a operação da empresa por um ano, injetando nossas reservas para custear a máquina.

— Daniel, sei que você e outros diretores gostariam que meu pai ainda estivesse aqui, presidindo a Sol Foods. Eu também adoraria. Tenho certeza de que ele encontraria uma solução melhor e deixaria todos confiantes. Mas ele não está, e eu não vou ser a responsável por demitir 130 funcionários, que são arrimo de famílias, e por decretar a falência definitiva da Sol Foods. Não vamos falir! Se eu seguir seu conselho, esticaremos nosso prazo de resiliência, mas será impossível retomar a operação depois. Você se lembra de quanto tempo e dinheiro foi preciso gastar para chegar à seleção e ao treinamento dos 260 funcionários atuais da Sol Foods? Não seja pessimista! A quarentena não vai durar cinco meses!

Outros participantes da reunião encontraram diversas formas de repetir o alerta do diretor financeiro, mas Letícia estava convicta e foi irredutível na conclusão da reunião:

— Não vamos falir. O isolamento social causado pela pandemia não vai durar cinco meses!

A cada semana, aquela esperança parecia mais ingênua, e Letícia passou a roer suas unhas agressivamente. No mês seguinte, na reunião do comitê de crise da empresa, Letícia usava unhas postiças para disfarçar a ansiedade crônica. Daniel foi quem corajosamente colocou a verdade sobre a mesa.

— Letícia, com todo respeito, precisamos reconhecer que você estava errada. Ou melhor, que todos estávamos errados. Tomamos a decisão equivocada no mês passado! Tudo indica que a quarentena vai durar muito mais.

— Não errei e não erramos. Era a melhor opção naquele momento. Por que você insiste em querer que eu admita algum erro, que peça desculpas? Que benefício isso traria para o grupo? Você quer me ver fraca porque não sou meu pai, ou pior, porque eu sou mulher.

— **Não vamos falir! O isolamento social causado pela pandemia não vai durar cinco meses!**

O tom belicoso da discussão não parou por aí. A briga entre a CEO e o diretor financeiro ganhou contornos cada vez mais ríspidos e terminou com duas frases definitivas:

— Se quer tanto resolver as finanças com demissões, Daniel, por que não se oferece para ser o primeiro a ser desligado da empresa?

— Não por isso, Letícia. Coloco meu cargo à disposição. Ou melhor, eu mesmo me demito. Passar bem.

Daniel, aos 68 anos, não precisava mais daquele emprego. Ele continuava ali por senso de fidelidade ao amigo de outrora, o fundador da empresa e falecido pai de Letícia Valverde. Outros participantes da reunião tentaram contemporizar e ligaram insistentemente para Daniel, tentando convencê-lo a retornar à reunião e desistir da demissão. Não tiveram sucesso, Daniel Magalhães estava irredutível.

Magalhães e Valverde eram amigos desde os tempos em que jogavam basquete juntos pelo time do colégio. Era assim mesmo que se chamavam: Magalhães e Valverde. Eram uma dupla com primorosa sintonia na quadra desportiva e na vida. Viajaram juntos. Viveram aventuras. Foram padrinhos de casamento um do outro. Daniel Magalhães era padrinho de batismo da segunda filha de Valverde, a irmã caçula de Letícia. Magalhães não era sócio-fundador da Sol Foods, mas estava na empresa desde a fundação, quando o Sr. Valverde começou a produzir, vender e distribuir as primeiras refeições para indústrias emergentes de Belo Horizonte. O negócio cresceu exponencialmente, exigindo uma gestão financeira cada vez mais profissional. Magalhães foi acumulando cursos e especializações justamente para atender bem a todos os desafios históricos demandados pelas décadas de crescimento da empresa. E agora, naquele ápice de uma crise generalizada, Magalhães abandona o barco?

Aquilo era um acontecimento impensável para quase todos que conheciam a intensidade do vínculo do Sr. Magalhães com a família Valverde. Letícia ficou petrificada. Ela não esperava por aquilo. E, secretamente, já estava arrependida de sua fala impulsiva, de seu descontrole emocional. Não conseguia imaginar como a Sol Foods poderia funcionar sem a liderança de Daniel na gestão financeira. Encerrou às pressas aquela reunião do comitê de crise e percebeu que havia aumentado (e muito!) o dano que a pandemia por si só já causava na operação da empresa. *"Eu, com 40 anos, agindo como uma adolescente!? Meu Deus, o que está acontecendo comigo?"*, refletiu.

Letícia seguiu os próximos dias fingindo naturalidade, como se a saída repentina de Daniel não fosse a grande tragédia que de fato era. Não havia um substituto já pronto, mas ela agia como se houvesse e promoveu ao cargo de diretor financeiro, temporariamente, o jovem assistente de Daniel Magalhães. O jovem tentava desempenhar suas funções no mesmo nível de seu antecessor. Contudo, além de não ter as mesmas habilidades e conhecimentos, tinha medo de contrariar a chefe, e seu trabalho acabava sendo mais focado em achar justificativas numéricas para confirmar as opiniões subjetivas da CEO, em vez de ajudá-la a avaliar a situação e tomar as melhores decisões. Todos os demais diretores e líderes de cada setor da empresa começaram, discretamente, a procurar outras empresas para reposicionar suas carreiras.

Letícia estava olhando quase catatonicamente para a tela de seu notebook, como se estivesse trabalhando, quando o interfone tocou; vendo a imobilidade de sua mãe, o pequeno Michel, de 10 anos, atendeu. Era novamente o vizinho do andar de baixo vociferando sobre o vazamento.

— Letícia! O vazamento voltou! Você não está fazendo certo. Contrate logo alguém que quebre o que for preciso aí no seu banheiro para achar o vazamento de uma vez por todas, senão eu chamo a polícia!

— Oi, Sr. Márcio, boa tarde. Aqui é o Michel. Mamãe tá trabalhando em uma reunião muito importante agora, não podemos interrompê-la. E, Sr. Márcio, polícia a gente chama quando tem algum bandido, algum ladrão, né? Tem algum ladrão em sua casa?

— Nã... — engasgou-se.

— Então, Sr. Márcio, acho que se o senhor chamar a polícia, vai ficar envergonhado quando eles chegarem. Tenho um amigo na escola que me contou que uma vez a avó dele tinha chamado a polícia por uma briga com os vizinhos. A polícia veio e deu um pito na avó do meu amigo porque aquilo era só uma briguinha de vizinhos e eles tinham coisas mais importantes para resolver. Então eu acho que, se o senhor chamar a polícia, vai acontecer a mesma coisa com o senhor. E eu não ia gostar nada nada de receber um pito da polícia, se eu fosse o senhor, mas eu sou só uma criança de 10 anos. O que eu sei, né? Não é verdade?

— É...

— Então tá, Sr. Márcio. Boa tarde para o senhor.

— Boa tar...

— Quando mamãe sair da reunião, eu falo para ela que o senhor educadamente avisou que o vazamento voltou. Até logo!

Letícia ficou impressionada com a habilidade de seu pequeno Michel, de apenas 10 anos, que saiu rindo da conversa pelo interfone.

— Ouviu, né, mamãe?

— Ouvi, filho. Você foi impressionante, parabéns! Estou muito orgulhosa, Michel! Parabéns mesmo!

— Era o Sr. Márcio, né, você sabe, coitado, ele tem algum problema da cabeça, eu acho. Não entendo por que ele fica assim nervoso dizendo que vai chamar a polícia sempre que alguma coisa dá errado, como se você pudesse controlar tudo e ter 100% de certeza de que o vazamento não voltaria. Li uma história em quadrinhos uma vez que tinha um menino que queria controlar tudo. Até a hora que ia chover ou que faria sol! E achava que controlava. Ele ficava irado quando as coisas não saíam como ele planejava. Mas nunca saíam! Era bem engraçada a história, e acho que o Sr. Márcio é bem parecido com esse personagem dos quadrinhos.

Letícia chamou o filho e deu um abraço forte nele. Resolveu passar algumas horas brincando com Michel e observando mais aquele menino tão sábio e criativo. Disputaram um jogo de tabuleiro e estratégia chamado "Quatro". Letícia ganhou cinco partidas, mas Michel conseguiu superar a mãe por duas vezes! Depois que Michel tomou banhou e jantou, Letícia deu boa noite para o filho, que foi para a cama e dormiu.

Letícia não conseguiu pegar no sono. Toda aquela cena mexeu muito com ela. Não conseguia nem fechar os olhos. Ela pensou que talvez fosse parecida com o menino da história em quadrinhos, querendo controlar a chuva e o sol, algo muito maior que ela mesma. E talvez também fosse como o louco do Sr. Márcio, que sempre desconta sua frustração com agressividade contra alguém. Percebeu que seu comportamento com Magalhães não havia sido muito diferente daquele padrão. Por outro lado, firmava para si mesma sua visão inicial de que não poderia desistir. Ela teria de encontrar uma solução, como seu pai faria.

Decidiu sair da cama, já que não dormia mesmo. Montou o tripé do flipchart, pegou três pincéis atômicos — um preto, um azul e um vermelho — e começou a rascunhar soluções criativas. Cada ideia em uma folha. Demorava entre dez e quarenta minutos em cada folha, mas, no fim, não acreditava em nenhuma daquelas ideias. Já havia tomado umas sete xícaras de café quando um raio de sol, já forte, incomodou seus olhos, fazendo-a contrair as pálpebras. De olhos fechados, falou para si mesma: "Preciso de ajuda."

Resolveu ligar para o Magalhães.

— Bom dia, Magalhães. Tudo bem? Podemos conversar um pouco?

— Claro, Letícia. Eu estava esperando sua ligação.

— Estava?

— Sim, menina, eu estava. Eu a conheço desde pequena. Sei que você pode ser ácida e cortante. Na verdade, eu sempre gostei muito disso na sua personalidade. O tanto que você desafiava seu pai na adolescência era uma das maiores diversões da minha vida! Eu adorava!

— É... nunca fui muito fácil, né?

— Nunca! E sei que você tem o coração no lugar certo e busca ser justa no final do dia. Eu sabia que você me ligaria em algum momento e conversaríamos melhor.

— Exatamente, Magalhães. Desculpe-me, por favor.

— Está desculpada, menina.

— Então, posso contar com sua ajuda para salvarmos a empresa?

— Pode sim.

— Maravilha! Mas, Magalhães, eu continuo não concordando com a demissão em massa dos funcionários. Tenho certeza de que meu pai também não concordaria. Não por benevolência, mas por ser a aceitação de que a empresa vai acabar. Você sabe que se demitirmos metade dos funcionários (agora teria de ser até mais da metade), a empresa não se recuperaria. Seria melhor fechar de uma vez e decretar falência logo, vender tudo, pagar o que é devido aos funcionários e começar outra empresa do zero.

— Você tem razão, Letícia. Mas qualquer plano que executarmos agora não vai dar certo. O cenário está muito incerto. Imprevistos estão acontecendo todos os dias. Não tem nada estável o suficiente para ser o norte do nosso planejamento.

— Talvez, Magalhães, este seja justamente o ponto: a imprevisibilidade é permanente! Temos de começar a fazer planos e organizar as ações, considerando que essa imprevisibilidade intensa não é só uma crise passageira, mas a instalação de um cenário de caos. Uma imprevisibilidade permanente!

— Mas como fazer gestão do caos, Letícia?

— Já li um bocado sobre gestão do caos, Magalhães, mas nunca coloquei em prática e nunca vi muita pertinência nessas ideias até agora. Ainda não sei bem como vou aplicar a gestão do caos na Sol Foods, meu amigo, mas sei que aprender a fazer isso é o caminho do nosso sucesso e sei que preciso de você ao meu lado. Bom, virtualmente ao meu lado, online.

— Conte comigo, menina. Vocês são a minha família.

Naquela manhã, Letícia foi tomada por uma vibração que havia muito tempo não sentia. Começou a fazer mapas mentais com pincéis atômicos de acordo com o que ela e Magalhães iam conversando. O eixo condutor de cada mapa mental era a Gestão do Caos.

Os minutos foram se tornando horas. A ligação se transformou em videochamada. As folhas do flipchart estavam sendo preenchidas em uma velocidade contínua. Magalhães falava, Letícia ouvia e raciocinava, revisava livros e anotações sobre Gestão do Caos, pesquisava dados pontuais em seu computador e dava luz a novas ideias. Às vezes, girava e deslizava em sua poltrona giratória de couro macia, com rodinhas nos pés. Quando precisavam

— Talvez, Magalhães, este seja justamente o ponto: a imprevisibilidade é permanente! Temos de começar a fazer planos e organizar as ações, considerando que essa imprevisibilidade intensa não é só uma crise passageira, mas a instalação de um cenário de caos. Uma imprevisibilidade permanente!

de uma inspiração mais original, buscavam em versos de poemas. A paixão pela literatura era um tesouro transmitido por seu pai e compartilhado com o Sr. Magalhães. Quando a manhã já estava no fim e a fome apertava, doze folhas de flipchart estavam preenchidas com mapas mentais bastante criativos, expressando reflexões consistentes.

Deram-se por satisfeitos. A reunião terminou com o seguinte pedido de Daniel Magalhães:

— Que trabalho excelente, Letícia! Impressionante! Agora, me dê esta tarde para checar os números precisamente e sistematizar com mais detalhes os cenários que criamos.

— Claro, Magalhães! Posso convocar uma nova reunião do comitê de crise para amanhã, às 8h da manhã? Assim apresentamos essas ideias a todos. É tempo suficiente para você?

— Está ótimo, Letícia. Mas antes de marcar a reunião, confirme com o Jonas, o estagiário, se a oportunidade que ele havia comentado está mesmo de pé. Se estiver de pé, já pode convocar a reunião para amanhã, e apresentamos os cenários.

— Combinado!

— Combinado. Bom almoço!

No meio daquela manhã, entre um verso de Leminski e uma colherada de açaí, Letícia resgatou em sua memória uma conversa despretensiosa que havia tido com Jonas, seu estagiário predileto, duas semanas antes. Ele havia comentado que a empresa de sua família, chamada Sanis, estava passando por problemas sérios justamente porque a demanda estava aumentando progressivamente e eles não tinham capital suficiente para investir na expansão da produção. Eles precisavam ampliar a cozinha industrial deles e não sabiam como. A Sanis havia sido fundada pelo pai de Jonas. O negócio da Sanis era claro: fornecia alimentação enteral, via sonda, para hospitais que demandavam cada vez mais esse produto à medida que o número de internações aumentava, além do aumento do tempo médio das internações.

Naquela tarde, enquanto Magalhães refinava os cálculos, Letícia convidou Jonas para discutirem sobre a necessidade de a Sanis expandir a produção. A conversa foi frutífera e, no fim do dia, Jonas e Letícia já estavam conversando pela primeira vez com o Sr. Ismael Sandoval, pai do estagiário. O prognóstico da nova parceria era muito empolgante para todos os envolvidos.

Na manhã seguinte, no horário combinado, o comitê de crise estava todo online, quando Letícia começou sua apresentação:

— Bom dia a todos. Primeiramente, gostaria de falar que Magalhães e eu solucionamos todas as divergências em nossos pontos de vista e estamos mais sintonizados do que nunca. Tudo que apresentarei aqui, agora, foi uma construção conjunta entre Magalhães e eu. Vamos lá! O primeiro ponto que quero destacar é que não devemos mais chamar estas reuniões de comitê de crise. Vamos chamá-las de **Comitê do Caos** e faremos encontros semanais. Isso é importante porque o que estamos vivendo não é apenas uma crise, que pode ser passageira. Não, isso é o caos, a imprevisibilidade permanente e intensa. Tudo pode acontecer. Essa pandemia pode acabar rapidamente em poucos dias ou pode durar anos, muitos anos. Como fazer a Gestão do Caos? Fazer gestão é, em essência, criar mecanismos de controle, métricas. Mas como medir, controlar, planejar o imprevisível? Da seguinte forma...

Letícia fez uma pausa antes de continuar.

— Eis os cenários que enxergamos atualmente: cenário 1, a pandemia acaba nas próximas semanas e nossos clientes começam a demandar nossos produtos novamente; cenário 2, a pandemia dura ainda mais três a seis meses; cenário 3, a pandemia estabelece de fato um novo normal e permanece efetiva por mais de seis meses ou por um tempo indeterminado; e cenário 4, acontece outro fenômeno, totalmente imprevisto, que muda fortemente essas nossas condições de produção e comercialização atuais. Apresentarei, agora, as estratégias que vislumbramos para conseguir não apenas sobreviver, mas também aproveitar as oportunidades em cada um desses quatro cenários.

Letícia olhou seus papéis.

— A primeira estratégia é a dos *Sentinelas Criativos*. Criaremos hoje um grupo de três pessoas, selecionadas entre nós aqui presentes, para serem nossos sentinelas criativos. A função dos sentinelas será se manter bem informados, observando noticiários, conversas informais com outros players do mercado, ou qualquer outra fonte de percepção precoce de processos que estiverem acontecendo no âmbito da saúde coletiva, do meio ambiente, da política, da cultura, da economia etc. Estarão atentos para soarem rapidamente o alerta caso algum processo surja com potencial de transformar as condições de execução de nossas outras estratégias. A primeira coisa que farei na minha rotina diária de trabalho será me reunir com eles por trinta minutos, das 8h às 8h30. Nessa meia hora inicial do dia, os sentinelas me contarão brevemente os temas que estão explorando. Além desse encontro diário, os sentinelas criativos poderão, a qualquer momento, me chamar extraordinariamente para apresentar um alerta. Caso eu avalie que se trata de uma situação realmente com alto potencial para transformação de nossas circunstâncias de negócio, eu mesma convocarei uma reunião extraordinária, como esta, do nosso comitê do caos. Vou provar para vocês como o trabalho dos sentinelas é fundamental. Quando começaram a surgir notícias sobre o novo coronavírus? No início de dezembro de 2019. Ignoramos esse fato totalmente. Em fevereiro de 2020, cerca de 45 dias antes de a pandemia nos afetar, já era bastante previsível que provavelmente chegaria ao nosso país e à nossa cidade. Mesmo assim, a ignoramos totalmente. Quando foi que criamos este comitê de crise? Quando tratamos pela primeira vez do que faríamos diante da pandemia de Covid-19? No final de março! Só em março de 2020, quando a economia nacional já estava parada, é que começamos a pensar em soluções sobre isso! Imagine se estivéssemos nos preparando para esses desafios pelo menos 45 dias antes de sermos afetados? Poderíamos ter evitado grande parte do dano. Outros fenômenos totalmente imprevistos podem acontecer e provavelmente nos afetarão. Precisamos ser capazes de percebê-los com rapidez e reagir logo no início de seus primeiros sinais. Garantir essa nossa capacidade de percepção e reação em tempo oportuno é a função dos sentinelas criativos.

Deu mais uma olhada em seus papéis.

— A segunda estratégia é a dos *Conversores*. Os conversores são o grupo que coordenará a conversão gradual de 30% a 70% de nossos recursos humanos e materiais para um novo negócio, um negócio que está em franca ascensão em plena pandemia: o fornecimento de alimentação enteral para hospitais. A Sanis, empresa criada e gerida por Ismael Sandoval, pai do nosso competente estagiário Jonas Sandoval, está muito bem posicionada nesse ramo aqui na cidade. Eles precisam aumentar a capacidade produtiva para atender a uma demanda que está crescente, justamente porque as internações hospitalares estão aumentando. O objetivo deles é aumentar o market share o mais rápido possível. Eles foram a empresa local que melhor se adaptou aos mecanismos de segurança e higiene necessários para produção segura, livre de contaminação do coronavírus. Fiz ontem nossa primeira reunião com o Ismael Sandoval. Vamos começar convertendo imediatamente 30% de nossos recursos, isto é, toda equipe e maquinário do galpão produtivo número 1, para a expansão da produção da Sanis. O valor dos bens materiais que convertemos para a linha de produção da Sanis será imediatamente retornado na forma de aquisição de participação acionária da Sanis. Assim, na fase 1, em que converteremos apenas o galpão 1, já nos tornaremos donos de 10% da Sanis. A cada mês, ao confirmar o sucesso do processo, aumentaremos a conversão. Quando chegarmos na fase final, daqui a três meses, teremos convertido 70% de nossos recursos, adquirindo um total de 45% das ações da Sanis. Estamos balanceando os acordos de distribuição dos lucros para garantir, desde essa fase inicial, uma receita suficiente para cobrir os vencimentos básicos de todos os nossos funcionários atuais, mantendo em vigência nosso acordo coletivo de redução dos vencimentos em 20%. Daniel Magalhães e Jonas Sandoval — que será efetivado imediatamente — coordenarão os acordos com a Sanis.

Letícia parou por um instante e tomou um gole de água.

— A terceira estratégia é a criação das *Janelas de Oportunidades*. A função desse time, coordenado por três de nós, será a de verificar outras oportunidades de conversão produtiva. Esse grupo apenas identificará outras empresas que, assim como a Sanis, estão pressionadas a aumentar sua produção e a comercialização de seus produtos e que sejam negócios mais ou menos próximos do nosso. Por enquanto, nossos conversores estarão focados no plano de cooperação entre a Sol Foods e a Sanis, mas imprevistos vão acontecer! E se algum desses imprevistos causar um fracasso no plano de integração com a Sanis, precisaremos ter outras oportunidades de conversão já identificadas, outras cartas nas mangas!

Letícia continua a expor seu plano com entusiasmo.

— Já a quarta e última de nossas novas estratégias é a criação do time que chamei de *Conservadores*. Também será coordenado por nós, e eles serão responsáveis por conservar uma capacidade mínima da Sol Foods, mesmo que ociosa, de retomar rapidamente parte de nossa produção tradicional. Assim que a pandemia der uma trégua e nossos clientes tradicionais voltarem a demandar as refeições industriais, estaremos prontos para entregar. É bastante provável que, com a falência de alguns de nossos concorrentes, quando a pandemia acabar, nossa demanda possa aumentar. Precisamos ser capazes de responder bem a esse provável cenário futuro. Esta será a função dos conservadores. Além dessas quatro novas estratégias, manteremos nossas reuniões semanais para avaliar todos esses processos planejados. Será nosso recém-denominado *Comitê do Caos*. Dúvidas? Vamos lá!

A apresentação de Letícia impressionou a todos. A esperança havia voltado a vibrar no coração e na mente daqueles líderes da empresa. Em geral, todos concordaram com as estratégias apresentadas. Muitas dúvidas surgiram e foram sanadas ou encaminhadas para novas soluções pontuais. O resgate da vitalidade produtiva e criativa da empresa era visível. Daniel Magalhães apresentou a todos os cálculos financeiros aplicados aos vários cenários, projetando a aplicação das novas estratégias dos grupos criados: sentinelas criativos, conversores, janelas de oportunidades e conservadores.

A cada novo dia, a cada nova semana, a cada nova reunião do Comitê do Caos, Letícia percebia que aumentava sua capacidade de pilotar sua empresa com um altíssimo desempenho, mesmo em um cenário tão caótico.

Isso é importante porque o que estamos vivendo não é apenas uma crise, que pode ser passageira. Não, isso é o caos, a imprevisibilidade permanente e intensa. Tudo pode acontecer. Essa pandemia pode acabar rapidamente em poucos dias ou pode durar anos, muitos anos. Como fazer a Gestão do Caos? Fazer gestão é, em essência, criar mecanismos de controle, métricas.

A cada novo dia, a cada nova semana, a cada nova reunião do Comitê do Caos, Letícia percebia que aumentava sua capacidade de pilotar sua empresa com um altíssimo desempenho, mesmo em um cenário tão caótico.

CAPÍTULO 3

VÍTOR

VÍTOR

❝ *Onde Letícia encontrou essa alegria toda? Parece que rejuvenesceu uma década depois de ter completado 40 anos. Sou 2 anos mais novo que ela e pareço ser 15 mais velho!"*, pensava Vítor, marido de Letícia, observando a esposa entrar no quarto radiante após encerrar mais uma de suas reuniões online com o que ela chamava de Comitê do Caos.

— Por que essa cara, Vítor?

— Que cara?

— Essa cara preocupada, tensa, um olhar quase desesperado. Você está bem?

— Sim, não, mais ou menos. É a faculdade! Estão me cobrando muito, estou atrasado para entregar os arquivos para adaptar todas as minhas aulas para o ambiente online. EaD pra lá, EaD pra cá... Agora tudo tem de ser online e, pior, para ontem! Você sabe como já dou quase intuitivamente as aulas de Farmacologia e Fisiologia. Dou as mesmas aulas há dez anos! Vejo o título da aula, escrevo os esquemas no quadro, dou os exemplos com naturalidade, contando casos. Os alunos adoram as aulas e aprendem muito bem. Mas agora... agora isso não serve mais, precisam de um monte de outras coisas que nem sei como começar a fazer.

— Calma, Dr. Vítor Andreozzi, mestre em Cardiologia Tropical! Deixe sua estagiária aqui ajudar você. Vamos ver o que eles estão pedindo de fato: slides sistematizados, PDFs completos, incluindo os exemplos de casos clínicos normalmente apresentados em sala de aula, além da gravação de videoaulas em blocos de cinquenta minutos.

— Pois é. Está vendo? Impossível!

— Como impossível, Vítor? Eu ajudo você. Vamos lá!

— Não precisa, pode deixar. Dá menos trabalho eu fazer sozinho.

— Está bem, como quiser... Mas, Vítor, preciso que você também se comprometa a ajudar na organização da casa. Olha a bagunça que você está fazendo com as roupas usadas e os papéis espalhados por todo o quarto... Lembre-se de que estamos sem a Rosângela nesta pandemia. A organização da casa depende exclusivamente de nós, do nosso cuidado e disciplina para manter tudo em ordem.

— Claro, Letícia, está bem — respondeu o estático Dr. Andreozzi.

"*Vítor não está bem... Ele não costuma ser tão reativo e impaciente*", pensou Letícia entrando no banheiro da suíte e se preparando para um merecido banho quente após um dia intenso de trabalho. "*Gravar videoaulas... sim, eu até entenderia a dificuldade de ele fazer isso, pois seria a primeira vez, mas e as outras coisas? Eu já o vi escrevendo aulas e palestras muitas vezes, preparando apresentações de slides técnicos... Ele nunca teve dificuldade com isso! Nunca foi algo em que ele fosse muito bom, é verdade, mas também nunca foi uma incapacidade. Estranho..."* Letícia passou os onze minutos de seu banho se lembrando das diversas vezes em que viu seu marido executando aquelas tarefas com relativa facilidade. Ela não entendia por que agora ele parecia travado, incapaz e irritado demais para aceitar ajuda.

Letícia escolheu uma lingerie vermelha que o marido adorava. Era um dos sinais mais eficazes para animá-lo! Quando saiu do banheiro vestindo apenas aquelas poucas peças de tecido, foi prontamente ignorada por Vítor, que estava sentado torto na cama, sisudo, olhando fixamente para a tela do notebook, aparentemente criando uma apresentação de slides. Letícia entrou debaixo do edredom e, ainda ignorada, começou a zapear a tela de seu smartphone. Rolando o feed do Instagram, uma publicação que relacionava alguns dos principais sintomas de depressão chamou sua atenção:

- Irritabilidade, ansiedade e angústia.
- Necessidade de grande esforço para fazer coisas que antes eram fáceis.
- Tristeza.
- Humor deprimido, que se caracteriza por desânimo persistente, baixa autoestima, sentimentos de inutilidade.

Os dois primeiros sintomas da lista eram justamente aquelas características que ela estava estranhando em Vítor, então clicou para saber mais. Foi parar em um site com a lista completa de sintomas e, silenciosamente, foi checando em seus pensamentos a existência em Vítor de cada um desses sintomas. Os dois primeiros da lista ela já tinha identificado de imediato. Começou a analisar o tópico seguinte, "Tristeza" — sim, Vítor estava visivelmente mais triste nas últimas semanas. Letícia não se lembrava de quando tinha sido a última vez que ouviu uma risada dele. Mesmo as gracinhas do Michel não o alegravam mais.

Largou o celular sobre o edredom, olhou para Vítor, lhe deu um abraço súbito e apertado e emendou um beijo na boca do marido. Vítor aceitou meio sem jeito o abraço e, mais sem jeito ainda, o beijo. Formou um sorriso meio forçado nos lábios, mas Letícia não se importava. Aquela expressão de afeto era sincera e incondicional, não esperava nada em troca, apenas precisou demonstrar intensamente quanto ela o queria ali, bem perto fisicamente, vivo. Após alguns olhares cúmplices e quase nenhuma palavra, voltaram aos seus afazeres anteriores. Ela não conseguia tirar os sintomas de depressão da cabeça. "*Diminuição ou incapacidade de sentir alegria...*" — sim, isso também estava claro. "*Sentimentos de medo, insegurança, desespero, desamparo e vazio...*" — assim como os outros sentimentos da lista, estes podiam estar ativos na psique do marido. "*Interpretação distorcida e negativa da realidade...*" — sim, isso também era evidente no modo como Vítor interpretava as novas exigências da faculdade. "*Diminuição do desejo e do desempenho sexual...*" — também era notável, embora Letícia quisesse dividir com o marido a responsabilidade pelo drástico empobrecimento da vida sexual do casal. Por fim, "*dores e outros sintomas físicos sem causa aparente, tensão na nuca e nos ombros...*" — exatamente enquanto lia esse item, Vítor contraiu o rosto indicando dor, colocou a mão esquerda na nuca e repetiu aquele movimento que faz o pescoço estalar.

— Amor, você está deprimido — afirmou Letícia ao marido.

— O quê? Não fale bobagens, Letícia.

— Sim, Vítor. Deprimido. Você tem todos, ou quase todos, os sintomas!

— Ô, doutora, o médico aqui sou eu, viu?

— Olha aqui, Vítor, veja essa lista de sintomas que peguei na internet. Você tem quase todos eles!

— Na internet, doutora? E você acha que é assim que se faz um bom diagnóstico? Dá um Google e pronto? Estou ficando ultrapassado mesmo... Pra que serve um professor de Medicina, se basta fazer uma pesquisa online e fazer um diagnóstico em dez minutos, né?

— Não falarei mais nada. Você não quer conversar, tudo bem... Já disse o que eu estou suspeitando, agora o que você vai fazer com isso é com você.

— Eu mereço mesmo esse inferno!

Ao terminar de pronunciar a palavra "inferno", Vítor já estava de pé, caminhando em pisadas fortes, em linha reta como um militar em guerra. Saiu do quarto, passou pelo corredor, atravessou a sala e chegou à cozinha. Abriu a geladeira e ficou ali, imóvel, com a geladeira zunindo, o vapor gelado contrastando com o ar do ambiente, escapando pela porta aberta. Vítor segurava a porta com uma mão, olhava as prateleiras da geladeira, mas não pegava nada. Fingia para si mesmo buscar algum item guardado no refrigerador. Os olhos vasculhavam freneticamente as prateleiras, mas o que a mente procurava era um significado, uma palavra, uma sensação, um sentimento, algo indizível, inalcançável. "*Depressão?!*", pensou enquanto ria ironicamente. Acabou pegando uma garrafa de água gelada e, com preguiça de pegar um copo, bebeu todo o conteúdo diretamente no bico.

Após cada golada, Vítor olhava para a ampla janela da cozinha daquele apartamento no quinto andar. "*Seria tão fácil pular por esta janela...*", pensou sem querer. Imediatamente, carregado de ódio, abriu a porta do quarto e esbravejou:

— Você está me enlouquecendo com essa história absurda de depressão, Letícia. Acho melhor ficarmos distantes por um tempo. Vou dormir no escritório a partir de agora.

Logo em seguida, foi para o escritório, no segundo andar do apartamento. Para Letícia, essa reação exagerada, precipitada, deixava ainda mais claro que ele estava deprimido, mas ela não sabia o que fazer para ajudá-lo e para não sofrer mais essas agressões gratuitas, o que acabaria com a relação deles. Esse afastamento parecia conveniente para Letícia também. Ela passou a noite pesquisando sobre depressão e conversando pelo telefone com uma amiga psicóloga, pedindo orientação.

Os dias e as noites foram passando... Dormir no sofá-cama do escritório havia se tornado um hábito para Vítor, parte da nova rotina normal da casa. Ele já havia passado dez noites consecutivas no sofá-cama, e as demandas da faculdade continuavam inacabadas. Ele havia produzido muito pouco para atendê-las. Vítor começou a pensar que, se não fosse a pandemia, talvez já tivesse pedido a separação definitiva e ido morar em outro lugar. Era quase meia-noite quando Letícia bateu à porta do escritório, perguntando:

— Vítor, posso entrar?

— Sim. Entre.

— Vítor, eu te amo, mas não podemos continuar desse jeito, como estranhos. Mais alguns dias assim e acabaremos nos divorciando. Eu já lhe disse o que acho que está acontecendo. Pesquisei mais, conversei com amigos psicólogos e uma psiquiatra. Tirei todas as dúvidas que tenho e estou convicta de que você está deprimido e precisa de ajuda. Mas você tem de querer essa ajuda. Sim, você é o médico e sabe muito bem como a doença funciona. Se você não começar o tratamento já, teremos de começar a pensar em como funcionará nossas vidas separadas.

— Eu entendo você, Letícia...

— Então vou deixar você dormir e pensar melhor sobre isso. Boa noite.

— Boa noite.

O Dr. Andreozzi foi dormir aquela noite escondendo de si mesmo o desespero que sentia com o iminente fim de seu casamento por uma bobagem. *"Não saberei nem explicar pros meus amigos por que estamos nos separando..."*, pensava enquanto cobria seus sentimentos mais verdadeiros com uma ilusão de alívio, como se tudo fosse ficar mais fácil quando ele voltasse a ter uma vida de solteiro, aos 38 anos, sem ninguém para perturbá-lo no dia a dia. Só sentiria muita falta do filho.

Antes de dormir, Vítor leu um e-mail formal do diretor da faculdade, dizendo-lhe que corria o risco de ser suspenso ou até demitido caso não apresentasse na próxima semana os slides definitivos das aulas dos próximos três meses. Ao ler a mensagem, não conseguiu mais conter o desespero. Perdeu o sono e ligou o computador para produzir as muitas aulas que faltavam. Eram 5h45 da manhã, a escuridão já não estava tão densa no céu, quando, exausto, dormiu com o computador sobre seu corpo.

— O que você está fazendo, pai? — perguntou o pequeno Michel, com a espontaneidade própria de seus 10 anos, enquanto tirava o computador de cima de Vítor, que estava dormindo, para não se espatifar no chão.

— Ahn?! Oi, filhão! Bom dia! — Ao ver o rosto de Michel e sentir seu cheiro, percebeu quanto sentiria sua falta caso o divórcio se confirmasse.

— Bom dia, pai! Seu computador estava quase caindo!

— Que bom que você salvou o computador, filho! Você não imagina como foi importante! Preciso acabar esses slides com urgência e estou com dificuldade de formatar algumas imagens e textos. Tá uma bagunça! Acabei passando a noite inteira fazendo isso e, sem perceber, dormi com o computador em cima da barriga.

— Ô, pai, por que você não me pediu ajuda? Sou ótimo para formatar essas coisas. Demoro muito para escrever essas frases, palavras e símbolos que não conheço, mas você pode colocar tudo aí de qualquer jeito e depois me chama que formato rapidinho do jeito que quiser.

— Sério, filho? Você consegue, por exemplo, fazer este parágrafo caber neste slide? E como vou colocar esta imagem com este parágrafo?

— É muito fácil, pai! Me dá aqui o computador. Podemos fazer assim e assim... Aí fazemos assim com a imagem... e mais este ajuste de margem... Vou melhorar um pouco o brilho da imagem para ficar mais visível... e prontinho! Acho que vou até cobrar.

— Era exatamente o que eu precisava, filho! Como você sabe fazer isso tão bem?

— Ah, pai, quase todo mundo da minha idade sabe fazer isso.

— Estou impressionado, filho!

— Você é engraçado, pai. Fica impressionado com umas bobeiras. Quanto tempo você está brigando pra arrumar esse slide?

— Acho que, só neste slide, uns dois dias.

— Dois dias, pai!!! Buguei! Eu é que estou impressionado, pai. Logo você, que é tão inteligente? Por que você fica aí sofrendo, em vez de pedir ajuda?

— É... é que... Não sei, filho, você está certo. Você está mais certo do que imagina!

O menino Michel saiu do escritório rindo do pai e gritando de longe enquanto se afastava:

— Te amo, pai! Bom dia! Se precisar de mais ajuda, é só pedir.

As palavras do menino ficaram ressoando na mente de Vítor: *"Por que você fica aí sofrendo, em vez de pedir ajuda?"* Com os olhos bem abertos mirando algo que estivesse atrás da parede branca, concluiu, sozinho, em voz alta, falando para si mesmo:

— Estou mesmo deprimido. Preciso de ajuda.

Mandou uma mensagem por WhatsApp para seu colega, Dr. Marcelo Romão, professor de Psiquiatria na mesma faculdade em que trabalhava: *"Bom dia, Romão, tudo bem? Preciso de ajuda. Creio que estou deprimido. Você poderia me ajudar?"* Sete minutos depois, recebeu a resposta: *"Bom dia, Andreozzi. Que bom que me chamou. Podemos fazer uma sessão online hoje à noite, às 20h30?"* Vítor confirmou a consulta, agradeceu o colega e passou o dia contando os minutos até sua primeira sessão.

Tudo pronto, eram 20h30, estava ainda mais ansioso! Pontualmente, recebeu a chamada de vídeo do Dr. Romão.

— Boa noite, Vítor. Está me vendo e ouvindo bem?

— Sim, Marcelo, tudo ok com a videochamada.

— Vamos lá. O que está acontecendo com você?

— Estou deprimido, sabe... eu acho, bem, parece que estou deprimido. Eu tenho estado muito ansioso, irritado, tenho brigado feio com minha esposa por coisas bobas, desconectado do meu filho e, principalmente, me sentindo muito incapaz de atender às novas demandas da faculdade, essa coisa de adaptar todas as aulas para o formato EaD, você sabe... e... meu casamento está por um fio. Às vezes penso que seria até melhor acabar tudo de vez, divorciar, mas... eu mesmo não acredito nisso. Estou dormindo no escritório. Quase não saio daqui. Se continuássemos dormindo juntos no mesmo quarto, já teríamos nos divorciado. As brigas estavam ficando constantes e cada vez piores.

— Entendi. E como está seu sono?

— Ruim. Muito ruim. Tenho trocado o dia pela noite, com a desculpa de que trabalharia melhor no silêncio da noite, mas a verdade é que o trabalho não está rendendo nem de dia, nem de noite... E durante o dia eu também não estou dormindo bem. Estou sempre cansado e consigo dormir um pouco melhor por cerca de uma hora após o almoço.

— E como está a alimentação?

— Comecei uma dieta de baixa ingestão de carboidratos há dez dias, porque eu estou muito acima do peso, mas não está fácil seguir.

— E atividade física?

— Nada. Desde a pandemia, desde o início do isolamento social, estou bem sedentário. Eu corria cerca de 5 quilômetros todos os dias na esteira, jogava basquete umas duas vezes na semana... Mas agora, nada.

— Entendi. Há quanto tempo você se sente assim, ansioso, irritado e incapaz?

— Faz tempo, Marcelo. Acho que já tem uns dois ou três meses que piorou bastante.

— Certo. E, Vítor, você já esteve assim, nesse estado, em outro momento em sua vida?

— Sim, já... algumas vezes... Não muitas, mas sim. Lembro-me de estar assim pelo menos outras três vezes quando era jovem e quando já era adulto. Teve uma vez, quando eu tinha 17 anos e minha namorada acidentalmente ficou grávida por 7 semanas e perdeu o bebê. Foi um aborto natural, espontâneo. Naquela época, eu estava assim e dizia que era por causa da gravidez inesperada e do aborto, mas, pensando bem, eu já estava assim antes de saber de tudo... e fiquei uns seis meses ansioso, irritado, sem vitalidade. E teve outras duas vezes, já casado com Letícia. Em nenhuma delas houve um fato externo que justificasse a mudança de humor.

— Entendi. E você percebe que sua fala está acelerada?

— Sim.

— Seu pensamento sempre foi assim acelerado?

— Sim, mas nem sempre minha fala é assim. Quando estou em outras fases, mesmo com o pensamento acelerado, consigo falar mais claramente.

— E intuições, processos criativos? Você tem muitas intuições? Algum processo artístico recorrente?

— Isso sim, muito! A vida inteira tive muitas intuições e sempre escrevi poesias, contos e, principalmente, crônicas. E essas intuições não são apenas para a literatura, usei-as durante toda a vida. As principais escolhas que fiz na minha vida foram seguindo certo cheiro, intuição... Percebo que sempre tomava a decisão impulsivamente e só depois criava razões para justificar essas escolhas: ter filho, casar, fazer Medicina, trancar a faculdade, voltar a cursar a faculdade...

— Já teve episódios de alucinação?

— Olha, Marcelo... Está aí um ponto delicado na minha vida. Fico surpreso que tenha me perguntado isso logo na primeira sessão. Talvez você esteja acertando mesmo sua investigação! Sim, tive episódios durante toda a infância e adolescência. Principalmente, com 21 anos, quando vivenciei uma experiência sensorial intensa. Não saberia dizer se foram visões ou algo de cunho espiritual. Ou os dois. Tecnicamente, poderia chamar de alucinações. Quando tranquei a faculdade de Medicina por um ano e quase não voltei,

O menino Michel saiu do escritório rindo do pai e gritando de longe enquanto se afastava:

— Te amo, pai! Bom dia! Se precisar de mais ajuda, é só pedir.

As palavras do menino ficaram ressoando na mente de Vítor: "*Por que você fica aí sofrendo, em vez de pedir ajuda?*" Com os olhos bem abertos mirando algo que estivesse atrás da parede branca, concluiu, sozinho, em voz alta, falando para si mesmo:

— Estou mesmo deprimido. Preciso de ajuda.

tive uma série de experiências muito intensas que culminaram em algo parecido com um surto. Tudo muito prazeroso, intenso... Como se estivesse acessando o sentido fundamental da vida!

— Nesse episódio, aos 21 anos, você recebeu algum tratamento?

— Sim, de uma excelente psicóloga, por dois anos.

— E você chegou a tomar algum medicamento?

— Não. O trabalho foi todo baseado em sessões de terapia, alimentação saudável e atividade física.

— Entendi bem, Vítor. Sei que você está ansioso por um diagnóstico, mas devemos ter paciência. Como você é médico, já vou lhe explicar minha principal hipótese, ainda preliminar. Vejo em você traços fortes de transtorno bipolar, sendo que você tem mais frequência em estados eufóricos do que em estados depressivos e agora está em um estado depressivo. Essa é minha primeira hipótese, mas precisamos investigar mais para ter um diagnóstico mais conclusivo e acertar o tratamento psiquiátrico e psicológico. Vou lhe indicar uma excelente psicóloga, Paula Regina. Quero que você agende com ela sua primeira sessão o mais rápido possível. O trabalho dela será fundamental para vocês cuidarem juntos das questões que estão mais delicadas em sua vida, como seu casamento. Como você sabe, Vítor, é incomum um diagnóstico de transtorno bipolar em um homem da sua idade. Geralmente o diagnóstico é feito com pessoas bem mais jovens. Porém, como você teve esse episódio mais forte aos 21 anos, parece-me bem possível que o que você tem vivido desde então é um transtorno bipolar não tratado.

— Ent... entendi... entendi, Marcelo. Farei o contato com a Paula Regina. Mas e as sessões com você, quando retorno?

— Faremos uma sessão por mês, mas você precisará fazer pelo menos uma sessão por semana com a psicóloga. Ela vai aplicar alguns testes padronizados que vão me ajudar a confirmar ou não esse diagnóstico preliminar. A partir daí, vamos acertando a medicação correta. Desde já, vou lhe pedir para não fazer mais dieta, pois isso também pode afetar seu humor. Coma normalmente. Tente, sim, se alimentar de forma mais saudável, mas sem grandes restrições. E faça atividades físicas diárias! Pelo menos quarenta minutos de caminhada diária. E cuide de seu sono. Tente dormir pelo menos oito horas toda noite. Sobre esses cuidados, a Paula Regina também vai orientá-lo. Conforme forem nossas percepções posteriores, devo lhe prescrever algum medicamento. Mas primeiro quero ouvir a Paula e conversar mais com você.

Ao terminar a videochamada, Vítor recebeu uma mensagem do Dr. Romão com o contato da psicóloga Paula Regina. Imediatamente ele entrou em contato com ela. Em menos de uma hora, já tinha agendado sua primeira sessão para o dia seguinte. Vítor respirou fundo e pensou: *"Um diagnóstico tardio de transtorno bipolar não tratado... Faz sentido... Será mesmo?"* Sua mente estava em um momento fugaz de calma e auto-observação. Começou a repassar, como um filme dentro de sua cabeça, várias cenas do passado. Nelas, identificava as decisões impulsivas, os picos de alteração de humor, as sensações de euforia tão frequentes, certa percepção de que tudo era um sinal do Universo, uma sensação de que acessava o sentido fundamental da vida acompanhado de uma explosão transcendental de prazer, ao mesmo tempo em que experimentava uma desconexão com os contextos espaço-temporais ao redor, desatenções graves e frequentes, uma ansiedade para se desvencilhar das demandas da vida ordinária e cotidiana, o descontrole financeiro, o fracasso nos relacionamentos afetivos antes de começar o namoro com Letícia, que muito rapidamente se tornou casamento e paternidade... os ciclos de sofrimento conjugal e aquela disponibilidade permanente da loucura, da euforia para se desvencilhar de tudo que incomodava aqui na Terra. *"Desde que voltei do surto, aos 21 anos, vivo com saudades dos anéis de Saturno. Sim, um diagnóstico tardio de transtorno bipolar não tratado... Faz, sim, muito sentido... Como não percebi antes? Estava na minha frente, era tão evidente!"*, pensava Vítor quando olhou ao seu redor e percebeu que aquele cômodo — o escritório — estava muito bagunçado. Sentiu, pela primeira vez em muitos dias, vontade de organizar o espaço.

Primeiro, colocou no lixo tudo o que poderia ser jogado fora. Em seguida, juntou os pratos, as canecas e os talheres sujos e levou-os para a cozinha, onde encontrou Letícia com olhos bem abertos, encarando o marido. Vítor estava inseguro, não queria brigar novamente. *"É melhor eu ficar em silêncio"*, concluiu em seu pensamento.

— Você estava em uma chamada com um psicólogo, Vítor?

— Não, Letícia. Era um psiquiatra, mas começarei a terapia com uma psicóloga também.

— E como foi?

— Foi bom...

— E você está deprimido?

— Mais ou menos...

— Como assim "mais ou menos"?

— É que... ainda serão necessárias mais sessões e alguns testes com a psicóloga para concluir o diagnóstico, mas ele, preliminarmente, acredita que, talvez, o que eu tenho é que... eu sofro de um transtorno bipolar há muito tempo e que nunca foi devidamente tratado.

Letícia deu-lhe um abraço forte. Beijaram-se. Aquele fio tênue que segurava o casamento deles ganhou alguns reforços com o abraço. Vítor estancou a emoção nos olhos. Deu um beijo de boa-noite na esposa e subiu para o escritório. Terminou de organizar o cômodo e dormiu ali mesmo.

Na manhã seguinte, logo após o café da manhã, Vítor fez sua primeira sessão com a psicóloga, que lhe passou uma bateria de testes no formato de questionários. Dedicou o dia inteiro respondendo àqueles testes e os enviou para Paula às 18h. Sua segunda sessão seria dali a sete dias.

Estava sendo uma semana decisiva. Os dias foram passando de forma diferente. Vítor se sentia em uma espécie de limbo, uma antessala emocional, aguardando ser chamado para entrar em um novo sentimento. No domingo, ele pediu ajuda ao pequeno Michel, e, juntos, começaram a fazer as apresentações de slides e os vídeos que precisavam ser entregues à faculdade. Vítor escrevia todos os conteúdos dos slides, e Michel os formatava brilhantemente. Quanto às videoaulas, o garoto gravava em seu celular as aulas do pai e fazia o upload na plataforma da faculdade. Na segunda-feira, continuaram o trabalho. Na terça-feira, Paula Regina falou que os resultados dos questionários padronizados e o relato da trajetória de vida fortaleciam a hipótese do diagnóstico de um transtorno bipolar não tratado e que já havia discutido o caso com o psiquiatra. Pediu-lhe que marcasse logo a próxima sessão com o Dr. Romão, para que ele definisse qual seria a abordagem terapêutica. Vítor agendou a sessão com o Dr. Romão para a quinta-feira. Na quarta e na quinta-feira, Michel voltou a ajudar o pai. Dr. Romão enviou uma receita eletrônica para Vítor, que comprou as medicações e começou a tomá-las imediatamente. Também cuidou de caminhar diariamente os quarenta minutos recomendados. Ainda não conseguia dormir as oito horas diárias, mas estava aumentando progressivamente. Na sexta-feira, todo o trabalho de Vítor para a faculdade, com ajuda do filho, ficou pronto. Seu emprego estava salvo. Letícia estava cada vez mais confiante e feliz por se sentir mais à vontade com o marido. Reaproximavam-se consistentemente. No sábado da semana seguinte, voltaram a dormir juntos.

Após completar dois meses de tratamento, o remédio e a psicoterapia surtiam um efeito evidente. Vítor percebia como estava mais fácil manter seu humor e ser funcional nas demandas práticas do dia a dia. Às vezes surgia um pensamento pontual e intenso: se questionava sobre como nunca havia percebido o esforço que sempre fez para ser funcional nos relacionamentos e na vida social, tentando conter na marra, do jeito que dava, os lampejos de euforia. E como tudo poderia ter sido muito mais fácil se tivesse começado a se tratar décadas antes. *"Meu Deus, quanto tempo perdido! Quanto sofrimento desnecessário! Como dois comprimidos por dia poderiam ter facilitado tanto a minha vida toda!"* Esse pensamento o comovia, ficava a ponto de chorar, respirava fundo e decidia desprender-se do passado, concluindo: *"Não importa o que passou, ainda tenho muito presente e futuro pela frente!"*

As sessões de psicoterapia aconteciam todas às terças-feiras. Paula Regina havia sugerido, além de continuar os cuidados com atividade física, alimentação e sono, que começasse a escrever seus pensamentos, suas ideias, suas intuições... o que quisesse. Seria um caderno de criatividade. Vítor seguiu todas as recomendações da psicóloga.

A cada dia, Vítor se percebia mais equilibrado emocionalmente, mais conectado com sua esposa e seu filho. Até retomou contato com sua mãe, Michele, que lhe pediu para marcarem um encontro, mesmo que fosse online, pois ela, pela idade, enquadrava-se no grupo de risco da Covid-19 e deveria se manter em forte isolamento social. Vítor refletia sobre tudo o que estava lhe acontecendo. Em reação ao caos que havia se tornado sua vida social e familiar, ele havia começado uma faxina interna. Estava organizando suas memórias, seus pensamentos e sentimentos, assim como se organiza um quarto bagunçado. No dia em que faria a videochamada com sua mãe, logo após uma de suas caminhadas diárias, escreveu em seu caderno de criatividade o seguinte:

> "No caos, além do Efeito Borboleta, também tem um Efeito Casulo — quanto mais incerto e grave o ambiente externo vai se apresentando, maior é a força que nos move para dentro; e a felicidade se constrói a partir de uma organização interna. A lagarta entra em colapso, mas não desiste, aprofunda-se em seu casulo e descobre como construir asas!"

"No caos, além do Efeito Borboleta, também tem um Efeito Casulo — quanto mais incerto e grave o ambiente externo vai se apresentando, maior é a força que nos move para dentro; e a felicidade se constrói a partir de uma organização interna. A lagarta entra em colapso, mas não desiste, aprofunda-se em seu casulo e descobre como construir asas!"

CAPÍTULO 4

MICHELE

MICHELE

Aos 72 anos, a deputada estadual em seu segundo mandato, Michele Andreozzi, mãe de Vítor, adaptava-se muito bem às sessões online da Assembleia Legislativa do Estado de Minas Gerais (ALMG). Duas semanas antes de pedir ao filho uma videochamada para conversarem sobre algo importante, Michele teve a primeira dificuldade com a nova tecnologia utilizada.

Ela presidia uma sessão da Comissão Especial sobre o Acordo de Paris da ALMG. Essa comissão, criada por iniciativa da deputada Andreozzi, tinha por objetivo estudar por noventa dias o potencial de Minas Gerais para contribuir com as metas nacionais de redução de emissões dos gases do efeito estufa, metas firmadas pelo Brasil no escopo do Acordo de Paris. Como sempre, Michele executava as funções parlamentares com extrema cordialidade e inteligência, capaz de dialogar com líderes de campos político-partidários e ideológicos extremamente diversos. Sua capacidade de diálogo era reconhecida por todos que acompanhavam o processo legislativo mineiro. Mas, naquela sessão, algo muito estranho destoou em seu comportamento, mais precisamente em sua fala, ao apresentar o próximo palestrante da mesa:

— Obrigado, deputado, pela brilhante explanação. Agora gostaríamos de passar a palavra para um especialista no mercado de créditos de carbono, principalmente em metodologias de redução de emissões a partir do plantio de florestas para fins industriais, o diretor de Negócios da empresa Plantárvore, o senhor...

Olhou para a tela do computador como se tivesse completado a frase. Permaneceu em silêncio. Todos os participantes da sessão ficaram em silêncio. Passaram-se dez segundos de total estranheza. Juliana, a chefe de gabinete de Michele, rapidamente escreveu em um papel o nome "FLÁVIO MARTINS" e mostrou para sua chefe por trás do computador. Michele leu o nome e não entendeu o que estava acontecendo. Juliana rapidamente fechou o computador, simulando que a conexão da deputada havia caído.

— Michele, você não falou o nome do próximo palestrante.

— Não falei?

— Não, não falou.

— Que estranho, parece que tive um branco na mente e de repente eu me vi ali na sessão, mas não tinha entendido que estavam esperando pela minha fala.

— Sim, estavam esperando que você completasse a apresentação do próximo palestrante, o Flávio Martins, como está aí em sua lista de convidados.

— Meu Deus, que estranho! Isso nunca me aconteceu.

— Eu sei, não se preocupe com isso agora. Vamos voltar à sessão e dizer que você teve um problema com o microfone e depois

Olhou para a tela do computador como se tivesse completado a frase. Permaneceu em silêncio. Todos os participantes da sessão ficaram em silêncio. Passaram-se dez segundos de total estranheza. Juliana, a chefe de gabinete de Michele, rapidamente escreveu em um papel o nome "FLÁVIO MARTINS" e mostrou para sua chefe por trás do computador. Michele leu o nome e não entendeu o que estava acontecendo. Juliana rapidamente fechou o computador, simulando que a conexão da deputada havia caído.

com a conexão, mas já foi resolvido, então siga a sessão. Estarei aqui com você, caso aconteça de novo.

— Ok, vamos!

A deputada voltou a se conectar, digital e psicologicamente, com a sessão. Pediu desculpas pela falha no microfone e apresentou de forma correta o novo palestrante. Juliana ficou atenta a cada participação de Michele, garantindo que ela conseguisse terminar bem o desafio de presidir aquela reunião. Cerca de duas horas depois, foi encerrada a sessão, muito bem-sucedida.

— Deputada, precisamos checar o que aconteceu com você. Vou lhe indicar um médico competente e discreto.

— Não há nada a ser checado, Juliana, esqueça isso. Foi uma distração, cansaço mental provavelmente, nada de mais. Já vi outros deputados terem lapsos assim várias vezes.

— Sim, deputada, mas há quanto tempo trabalhamos juntas?

— Desde o início, minha querida. Você começou na equipe quando eu era vereadora, lembro-me bem disso.

— Exato, já são treze anos, e em todo esse tempo eu nunca vi você ter um lapso como o de hoje. Vamos checar, por favor.

— Esqueça. Não foi nada.

Juliana obedeceu. Tinha um forte senso de hierarquia e julgava que já havia estressado até o limite a confiança e a intimidade que sua chefe lhe havia conferido, mas não concordava. Continuava preocupada com aquele evento, pois poderia se repetir em algum momento mais grave, em alguma situação em que estivessem ligados mais holofotes midiáticos sobre a deputada. Juliana sabia que precisaria estar mais atenta de agora em diante para evitar uma nova exposição estranha da deputada. Dois dias depois, Michele Andreozzi presidiu outra sessão da Comissão Especial sobre o Acordo de Paris da ALMG. Quando a sessão já se encaminhava para o fim, a deputada comentou:

— Deputada, precisamos checar o que aconteceu com você. Vou lhe indicar um médico competente e discreto.

— Não há nada a ser checado, Juliana, esqueça isso. Foi uma distração, cansaço mental provavelmente, nada de mais. Já vi outros deputados terem lapsos assim várias vezes.

— O brilhante trabalho dos suinocultores de Patos de Minas, tratando os dejetos com biodigestores que, além de evitar a emissão de metano para a atmosfera, geram energia elétrica para as atividades daquela propriedade rural, é... (virou-se para pegar o copo de água ao lado do computador, bebeu, deixou o copo no lugar e voltou-se para o computador, como se tivesse terminado sua fala).

Juliana percebeu imediatamente. Havia acontecido de novo. O lapso! Com um gesto rápido, Juliana fechou o computador de Michele simulando mais uma vez que havia acontecido uma queda na conexão.

— Por que você fez isso, Juliana?

— Aconteceu de novo, deputada. Você não terminou a frase.

— Mas... olha, Juliana, você se precipitou. Eu estava terminando a frase.

— Qual frase você estava dizendo, deputada?

— Bem, agora você me confundiu toda. Por favor, pare de se preocupar à toa e me coloque de volta na sessão.

Voltaram à sessão. Michele deu a mesma desculpa — problemas na conexão da internet e no microfone do computador. Terminou bem a sessão. Mas, logo após, Juliana arriscou ir além em suas cobranças.

— Michele.

— Diga, Juliana.

— Estou chamando você pelo nome, e não pelo seu cargo, porque agora quem está falando é sua amiga, e não sua subalterna. Se eu não fosse sua amiga, certamente não lhe falaria isso.

— O que foi, Juliana?

— Michele, você precisa ir ao médico. Dr. Ambrósio, meu amigo de infância, é da minha confiança e será totalmente discreto. Precisamos saber o que está acontecendo com você, o que são esses lapsos. Eles podem prejudicar muito sua carreira e sua vida!

— Juliana, justamente por isso, porque podem prejudicar muito minha carreira, não devemos dar muita atenção a eles. Eu já lhe disse, esqueça.

— Michele, minha avó morava comigo, minha mãe cuidou dela quando ela começou a desenvolver uma demência senil. Começou de forma parecida com esses lapsos, mas acelerou muito rápido. Não quero que aconteça com você. Sei que, se diagnosticado precocemente, os efeitos da demência ou do Alzheimer podem ser retardados em muitos anos. Seja lá o que for...

— É só um cansaço mental, Juliana, pare de se preocupar.

— E se não for só isso, Michele?

— E se for só isso e seu médico criar um diagnóstico dramático e errado de Alzheimer? Alzheimer, TDAH são todas doenças que estão na moda, e os diagnósticos são distribuídos aí por médicos exagerados.

— O Dr. Ambrósio é muito competente e experiente nessa área, Michele! Se for mesmo só um cansaço mental, ele ficará feliz em nos falar. E nós poderemos ficar mais tranquilas.

— Eu já estou tranquila, Juliana. Você é que está fazendo tempestade em copo d'água. Já disse, chega dessa conversa.

— Vou repetir, Michele: quem está falando aqui é sua amiga, e não vou desistir de você, não vou desistir dessa conversa.

— Chega, Juliana! Não vou ver médico nenhum e não quero que você toque mais nesse assunto.

— Vou parar por hoje, Michele, mas voltarei a tocar no tema amanhã, para o seu bem.

— Juliana, você está de férias compulsórias por duas semanas a partir de hoje. Vá! Relaxe e volte consciente de que sua amizade não é suficiente para começar a se meter na minha vida pessoal.

Dessa forma ríspida, encerrou-se aquele expediente. Juliana deixou o apartamento de Michele e foi para sua casa. *"Férias compulsórias..."*, pensava Juliana se remoendo de raiva. *"Ela é muito cabeça dura!"*

No sábado, Michele avaliava suas últimas decisões, com a água quente do chuveiro escorrendo pelos cabelos, de olhos fechados, sozinha em casa. *"Não gosto de ser grossa e autoritária como fui com Juliana... Mas ela exagerou, estava irredutível! Foi necessário"*, justificava-se. Essa e as outras dezenas de justificativas que criou enquanto o banheiro era preenchido com o vapor da água quente do banho não foram suficientes para que saíssem de sua cabeça duas imagens: a de Juliana dizendo que era sua amiga e a dela ouvindo que estava de férias compulsórias. Essas duas imagens, sobrepostas, estavam enraizadas em sua mente. Ficaram ainda mais visíveis quando desligou o chuveiro, secou seu corpo em uma tolha grande e macia e vestiu um roupão de banho.

Decidiu tomar mais um chá. Já havia tomado um antes de ir para o banho. Quando chegou na cozinha, surpreendeu-se com a chama do fogão acesa! *"Meu Deus, não me lembro de ter deixado a chama acesa! Que perigo!"* Lembrava-se de ter tomado um chá antes do banho; logo, deduziu que havia se esquecido de desligar a boca do fogão depois de preparar o chá. *"Minha mente está mesmo exausta, preciso descansar. É só isso. Descansar, e tudo voltará ao normal."*

Decidiu dar uma pausa naquele fim de semana. Passou o sábado e o domingo relaxando, tomando sol, vendo filmes fáceis,

Decidiu tomar mais um chá. Já havia tomado um antes de ir para o banho. Quando chegou na cozinha, surpreendeu-se com a chama do fogão acesa! "Meu Deus, não me lembro de ter deixado a chama acesa! Que perigo!" Lembrava-se de ter tomado um chá antes do banho; logo, deduziu que havia se esquecido de desligar a boca do fogão quando preparou o chá. "Minha mente está mesmo exausta, preciso descansar. É só isso. Descansar, e tudo voltará ao normal."

comendo saudavelmente e conversando amenidades pelo WhatsApp com sua nora, seu filho e outros parentes e amigos de longa data.

Acordou na segunda-feira sentindo-se renovada. *"Era disso que eu precisava!"*, pensou. O trabalho na segunda-feira correu bem. Tudo muito fácil e dentro da rotina. Na terça-feira, presidiu mais uma sessão da Comissão Especial sobre o Acordo de Paris. Dessa vez, não havia mais ninguém em sua casa: nem Juliana, que estava de férias compulsórias, nem qualquer outro assessor. Michele havia exigido que participaria daquela sessão completamente sozinha.

Já no final da reunião, aberta ao livre debate, o deputado Alcântara Machado, adversário eleitoral histórico de Michele, pediu a palavra:

— Boa tarde a todos. Saúdo os presentes na pessoa da presidente Michele Andreozzi. Nobre deputada, ao parabenizar a todos pelo diligente trabalho desta comissão, acho importante expressar minha compreensão de que, apesar das boas intenções, trata-se de um trabalho pouco inteligente, um verdadeiro desperdício de recursos públicos, todo um circo montado com o objetivo de discutir o potencial de Minas Gerais para colaborar com as metas brasileiras no escopo do Acordo de Paris. E constato esse desperdício por uma razão bastante simples e indiscutivelmente real: todo o Acordo de Paris* baseia-se em algo no mínimo profundamente ingênuo, para não dizer enganoso.

---

* O Acordo de Paris é um tratado no âmbito da Convenção-Quadro das Nações Unidas sobre a mudança do clima e que rege medidas de redução de emissão de gases estufa a partir de 2020, a fim de conter o aquecimento global abaixo de 2 °C, preferencialmente em 1,5 °C, e reforçar a capacidade dos países de responder ao desafio, em um contexto de desenvolvimento sustentável. O acordo foi negociado em Paris durante a COP21 e aprovado em 12 de dezembro de 2015. Cada país apresentou um rol de medidas e metas com as quais se comprometeu, visando contribuir para a meta global.

Ele continuou listando pormenores sobre o acordo e argumentos diversos para defender sua posição, que era contrária à de Michele.

— Nobre deputado Alcântara Machado, tão participante na história de minhas iniciativas parlamentares, agradeço por estar criticamente presente em mais uma das sessões que tenho a honra de presidir. Prometo-lhe retribuir o favor quando for bem-sucedido na criação de uma comissão especial e a presidir — Michele começou a responder ao adversário.

E continuou:

— Sobre a ingenuidade da qual nos acusa, sim, também me parece bastante ingênuo pressupor que governos, indústrias, empresas comerciais e os cidadãos em geral irão, simplesmente por boa-fé e compromisso com algo tão abstrato como diminuir o aquecimento global, transformar radicalmente os hábitos e gastar grande parte dos recursos financeiros. Porém... — fez uma pausa para dar um gole em sua água, bebeu, devolveu o copo e voltou sua face silenciosa para a tela do computador, onde todos a aguardavam completar sua resposta.

Michele permaneceu em um estranho silêncio. Sem saber o que estava acontecendo, a deputada Andreozzi observava os rostos dos outros participantes em tela e percebeu a expectativa que todos tinham de que ela falasse algo, mas ela não sabia em que ponto da reunião estava, nem se havia começado a dizer algo. Lembrou-se de Juliana e rapidamente desligou o computador. Chorou. Estava sozinha. Não sabia o que estava acontecendo. Precisava de ajuda. Nem sabia a quem recorrer. Chorava quando seu telefone tocou. Ela olhou para ver quem estava ligando antes de decidir atender. Era Juliana.

— Juliana! Desculpe, preciso de sua ajuda.

— Eu sei, Michele, calma, já estou indo pra sua casa. Eu estava acompanhando a sessão pelo link de acesso público e vi o que aconteceu. Você fez bem, muito bem, em desligar a conexão. Estão dizendo que sua conexão deve ter caído novamente, mas que, como nas sessões anteriores, você deve voltar em breve para continuar sua fala.

— Qual fala, Juliana? Onde eu parei?

— Você estava respondendo muito elegantemente à crítica do idiota do Alcântara Machado. Você se lembra da fala dele?

— Sim! Sim! Lembro. Desperdício e ingenuidade, né?

— Exatamente. Você já deu um tapa de luvas nele no início da resposta, insinuando, para bom entendedor, que ele fica perseguindo as iniciativas que você preside e que ele mesmo não consegue emplacar a presidência de nenhuma iniciativa da ALMG.

— Sim, lembro-me de ter dito isso.

— Ótimo, então, na sequência, você começou a responder efetivamente ao conteúdo da crítica. Você começou concordando que era uma premissa ingênua, porém... Aí você diria alguma coisa depois do "porém", mas parou para tomar água e, quando voltou, já estava daquele jeito. Então não falou mais nada depois do "porém", quando desligou o computador.

— Entendi. Ótimo, já sei como continuar. Muito obrigada! Venha, sim. Preciso de você. Desculpe-me por antes.

— Fique tranquila. Eu chego em quinze minutos.

Michele se recompôs, ligou o computador e conectou-se novamente à sessão online.

— Boa tarde a todos. Desculpem-me mais uma vez pela falha do meu microfone e da conexão. Estão todos me ouvindo bem agora?

— Sim, estamos, deputada. Pode continuar — informou Mário Almeida, responsável por registrar as notas taquigráficas daquela sessão pública.

— Creio que o microfone foi cortado quando eu estava apresentando ao nobre deputado Alcântara Machado minha opinião sobre o que ele chama de ingenuidade, certo?

— Exatamente, deputada — confirmou Mário Almeida.

— Pois bem, concordo em relação à ingenuidade pressuposta pelo Acordo de Paris, mas não em relação ao desperdício de recursos da ALMG. A causa fundamental do Acordo de Paris é de imensa relevância, é a humanidade organizada para debater o impacto da nossa civilização no ecossistema planetário e a busca por garantir o direito de as próximas gerações viverem em um planeta saudável. — E Michele prosseguiu em sua fala com a clareza e objetividade que sempre foram a marca de seus pronunciamentos na Assembleia.

A sessão seguiu ainda com mais uma fala do deputado Alcântara Machado repetindo o mesmo teor da crítica anterior, o que fez a deputada Andreozzi avaliar que não precisava responder de novo à mesma coisa. Juliana já estava na casa de sua chefe quando, sem maiores conflitos, a sessão acabou.

— Ufa!

— Eu sei, deputada. Parabéns, você foi muito bem!

— Não conseguiria sem sua ajuda, Juliana. Por favor, me chame de Michele.

— Tudo bem, Michele, combinado. E sobre o Dr. Ambrósio?

— Você está certa, vou marcar uma consulta com ele. Sábado deixei o fogão aceso e fui tomar banho. Isso me assustou também. Poderia ter causado um incêndio, sei lá. Fiquei assustada. Você bem sabe o quanto eu sou atenta às coisas práticas da vida e quanto me orgulho disso! Não sou de esquecer nada, nada! Não saberei viver assim com essas desatenções.

— Seja o que for, saberemos rápido. E você aprenderá, sim, a viver e funcionar bem com o que for. Você não estará sozinha. Eu estarei aqui para lhe ajudar no trabalho. Seu filho e sua nora poderão lhe ajudar na vida pessoal. E mais tarde poderá contar também com seu neto.

— Meu neto? Michelzinho? Será que vai dar tempo? Tenho muito medo dessa coisa se desenvolver muito rápido.

— Não será assim, se você se cuidar. Por isso insisto na sua ida ao médico. Bem tratada, você poderá, no mínimo, retardar bastante o desenvolvimento dessa "coisa", seja lá o que for... Você verá!

A consulta com o Dr. Ambrósio aconteceu na manhã seguinte. Michele gostou dele, realmente parecia competente e discreto. O médico explicou que suspeitava, sim, de que ela estivesse mesmo em fase inicial de algum tipo de demência, mas que poderia ser algo menos grave. Eram necessários alguns exames e um acompanhamento mais prolongado para confirmar o diagnóstico. Dr. Ambrósio a tranquilizou explicando que, mesmo se fosse confirmado o diagnóstico de algum grau de demência, naquele estágio inicial, havia muito o que fazer para retardar bastante o avanço da doença.

Após aquela primeira consulta, Michele decidiu conversar com Vítor, explicar o que estava acontecendo com ela, pois em um futuro talvez não muito distante precisaria de cuidados mais intensivos da família. Por isso, pediu a Vítor que agendasse um tempo para fazer uma videochamada mais longa. Na data e no horário marcados, estavam os dois a postos.

— Oi, filho!

— Oi, mãe! Como você está? Fiquei preocupado com seu pedido para fazermos uma videochamada mais longa. É algo grave?

— Calma, filho, está tudo bem. É algo sério, mas já estou me cuidando.

— Vamos, mãe, pode falar. O que foi?

— Juliana e meu novo médico, Dr. Ambrósio, suspeitam que eu esteja manifestando fases iniciais de algum tipo de demência.

— Meu Deus, mãe, o que aconteceu para eles acharem isso? Vamos ajudar no que precisar.

— Obrigada, filho. No futuro, confirmando o diagnóstico de demência, será necessária, sim, a ajuda de vocês, mas no momento está tudo sob controle. No trabalho, Juliana está me blindando muito bem, e bolamos algumas estratégias para não me expor. Dr. Ambrósio também me explicou algumas formas de retardar bastante a evolução da demência.

— Mas o que aconteceu para chegarem a essa suspeita?

— Tive alguns lapsos de memória, branco total no meio de minhas falas durante as sessões da ALMG. Aconteceu três vezes desde a semana passada. Também dei umas voadas aqui com os afazeres de casa, coisas que nunca me aconteceram.

— Entendi, mãe. Vou conversar com o Dr. Ambrósio, de médico para médico, para entender melhor o quadro. Por favor, me passe o contato dele.

— Claro, filho. Já, já eu lhe envio o contato dele.

— O que mais podemos fazer, mãe? Acho que talvez seja prudente irmos aí vê-la. Vamos fazer o teste do coronavírus e, confirmando que nós três estamos sem o vírus, vamos aí visitar você: Letícia, Michel e eu.

— Será ótimo, filho! Estou com muita saudade de vocês três. Principalmente do Michelzinho.

— Nós também estamos, mãe.

— Michel e Letícia estão por aí agora?

— Letícia está em uma reunião online da empresa. Ela mandou um beijo pra você. Michel tá aqui perto. Micheeeeel!

O pequeno chegou imediatamente para falar com a avó. Parece que já estava esperando ser chamado. Ficaram quase uma hora conversando, a avó e o neto. Quando desligaram, já era quase hora de Juliana chegar para repassar o planejamento dos compromissos da deputada nos próximos dias.

Juliana chegou. Elas pediram uma pizza e tomaram um vinho enquanto repassavam a agenda. Ao terminarem o trabalho, Michele abriu uma segunda garrafa de vinho e disse:

— Agora a deputada e a chefe de gabinete foram embora, e eu, Michele, quero conversar com minha amiga Juliana — disse servindo mais uma taça de vinho.

— Será um prazer, Michele. Diga lá: como você está, minha amiga?

— Mal, Juliana. Estou muito assustada com tudo isso. Falei com meu filho hoje, contei a ele e me fiz de forte, como sempre, mas estou de fato muito assustada. Dr. Ambrósio tenta me passar tranquilidade e até consegue quando explica objetivamente o que podemos fazer caso o diagnóstico seja o pior, mas me sinto fraca, impotente, sucumbindo. Como farei para lidar com isso? Demência? Não sei como lidar com isso.

— Eu sei como você vai lidar com isso, minha amiga.

— Sabe? Como? Como vou lidar com essa doença?

— Você vai fazer o que sempre fez, Michele! Você vai se reinventar. Vai pegar os limões da vida e fazer uma limonada deliciosa. Você é assim: reinventa-se uma, duas, três e quantas vezes precisar.

— Não sei se sou essa pessoa que você enxerga, Juliana. Não me sinto tão forte assim.

— Mas você tem essa força. É realmente você. Deixe-me lembrá-la um pouco de quem é. Michele Andreozzi, você já me contou muito de sua história. Você sofreu sérios abusos emocionais na infância e na adolescência. E o que fez com isso? Encontrou um marido e se casou aos 19 anos, saiu de casa e salvou a si mesma. Limões... e limonada.

— É, mas esse casamento também teve muitos limões...

— Sim, e isso só confirma minha tese. Quando descobriu a infidelidade grosseira do seu primeiro marido, o que você fez? Divorciou, começou a estudar Direito, graduou-se, passou na prova da OAB. Começou a advogar e conheceu o Sr. Andreozzi, o Bruno, que viria a ser o amor de sua vida, seu segundo marido e pai de seu filho. Limões... e uma abundante limonada!

— Realmente, foi assim mesmo, Juliana. Mas os limões também não pararam. E o mais azedo de todos ainda estava por vir: a morte do Bruno.

— Sim, minha amiga. Veio o mais azedo de todos os limões, a morte repentina de seu amor, e mesmo assim você se reinventou! O que fez? Assumiu o capital político do então vereador Bruno Andreozzi. Foi eleita vereadora. E foi além. Elegeu-se deputada estadual e foi reeleita. Hoje, no segundo mandato, já tem uma trajetória reconhecida e respeitada por sua atuação legislativa e fiscal no campo do desenvolvimento sustentável, da defesa do consumidor e dos pequenos empreendedores, dos trabalhadores rurais e urbanos, da fruticultura, da gestão inteligente das águas, além de diversas inovações tributárias e no combate a privilégios de parlamentares e membros do executivo. Limões... limonada!

— Minha querida amiga, obrigada! Obrigada por me mostrar, por me lembrar da minha força! Mas... — tomou um longo gole de água.

— Mas?

— Mas, agora, com essa doença, não sei o que fazer.

— Saberá logo. Com relação ao seu mandato, sabemos que você e eu juntas conseguiremos blindá-la de qualquer exposição. Com relação à vida, em geral... Me diga uma coisa: o que você sempre quis fazer e nunca se deu tempo para realizar?

— Escrever... viajar e escrever.

— O que você gostaria de escrever?

— Não sei bem. Não é poesia, nem romances, nada de ficção. Crônicas. Sim, gostaria de escrever crônicas bastante sinceras, sem medo de me expor, sobre meus pensamentos diante de eventos pontuais que vivi na vida pública e na vida privada.

— Ótimo! Será um livro excelente!

— Sério?

— Sim, sério. Ainda temos dois anos e meio até acabar o mandato de deputada. Escreva. Publicaremos o livro no final deste ciclo, quando você decidir que não vai mais se candidatar. Será um sucesso. Já estou vendo a capa: *Crônicas da vida pública e privada, por Michele Andreozzi.*

— Mas como escreverei, Juliana? Tenho dificuldade de imaginar meu leitor.

— Escreva para seu neto ler no futuro, quando se tornar um adulto.

Ali, naquela conversa enredada pelo vinho e pela amizade sincera, nasceu a ideia original de um livro que poderia fazer muito sucesso — *Crônicas da vida pública e privada para meu neto no futuro,* da autora Michele Andreozzi.

— Mas, agora, com essa doença, não sei o que fazer.
— Saberá logo. Com relação ao seu mandato, sabemos que você e eu juntas conseguiremos blindá-la de qualquer exposição. Com relação à vida, em geral... me diga uma coisa: o que você sempre quis fazer e nunca se deu tempo para realizar?
— Escrever... viajar e escrever.
— O que você gostaria de escrever?
— Não sei bem. Não é poesia, nem romances, nada de ficção. Crônicas. Sim, gostaria de escrever crônicas bastante sinceras, sem medo de me expor, sobre meus pensamentos diante de eventos pontuais que vivi na vida pública e na vida privada.

CAPÍTULO 5

MICHEL

MICHEL

No dia em que Vítor chamou Michel para conversar com a avó, o menino havia chegado rápido por uma razão simples: ele estava atrás da porta, ouvindo a conversa. Com seus conhecimentos do mundo limitados pelos seus 10 anos de vida, não entendia o que significava a palavra "demência", mas sabia que sua avó estava seriamente doente. E teve medo.

Assim que ouviu aquela palavra nova, começou a pesquisar na internet para entendê-la. O Google indicou vários sites especializados. Michel não conhecia nenhum deles e preferiu confiar no único site conhecido — a Wikipédia. Na enciclopédia colaborativa online, o verbete "demência" trazia as seguintes informações:

"Demência é uma categoria genérica de doenças cerebrais que gradualmente e a longo prazo causam diminuição da capacidade de raciocínio e memória, a tal ponto que interfere na função

No dia em que Vítor chamou Michel para conversar com a avó, o menino havia chegado rápido por uma razão simples: ele estava atrás da porta, ouvindo a conversa. Com seus conhecimentos do mundo limitados pelos seus 10 anos de vida, não entendia o que significava a palavra "demência", mas sabia que sua avó estava seriamente doente. E teve medo.

normal da pessoa. Outros sintomas comuns são problemas emocionais, problemas de linguagem e diminuição da motivação. Geralmente, a consciência da pessoa não é afetada. Para um diagnóstico de demência, é necessário que haja uma alteração da função mental normal da pessoa e um declínio superior ao que seria esperado em razão da idade. Esse grupo de doenças afeta também de forma significativa os cuidadores da pessoa doente.

O tipo mais comum de demência é a doença de Alzheimer, responsável por 50% a 70% dos casos. Entre outras possíveis causas..."

Michel pulou uma boa parte do texto porque estava achando tudo muito chato e não conseguia entender muito bem, até o final, em que uma frase chamou sua atenção:

"Não existe cura para a demência."

Michele e Michel eram muito próximos. Além do nome, uma homenagem evidente à avó, eram unidos por uma afinidade difícil de explicar. A diferença de idade não atrapalhava a capacidade de passarem horas conversando sem parar e sem ficar entediados. Gostavam genuinamente da presença um do outro. O tamanho do afeto pela vovó Michele era proporcional ao medo que o netinho estava enfrentando ao descobrir a doença enigmática.

Na semana seguinte àquela descoberta, o pequeno Michel estava desatento durante a aula online. Ao longo da pandemia, as aulas eram todas em plataformas de reuniões online. O professor Yvan havia percebido que Michel estava desatento e tentava motivá-lo aumentando a frequência de perguntas a ele.

— Vamos continuar o estudo dos verbos. Michel, está vendo o verbo "sugiro", que estou marcando na tela?

— Oi? Desculpe, não entendi. Pode repetir a pergunta, por favor?

— Perguntei se você está vendo este verbo que estou marcando em amarelo na tela, o verbo "sugiro".

— Ah, sim!

— Qual é a forma desse verbo no infinitivo?

— Infinitivo?

— Sim, infinitivo. Lembra?

— Lembro, sim, espera aí. Sugiro... sugerir. O infinitivo é sugerir.

— Isso mesmo, Michel! Parabéns! E o sujeito?

— Sujeito?

— Sim, o sujeito. O sujeito do verbo sugerir.

— O sujeito... é... Não estou encontrando o sujeito, Prô. Nenhuma das palavras da frase está funcionando como sujeito. Não sei...

— Seu raciocínio está certo, Michel. Nenhuma palavra da frase está fazendo a função de sujeito do verbo "sugiro". Mesmo assim, tem um sujeito que está oculto, escondido. Qual seria esse sujeito oculto, Michel?

— Ah, já sei! Sujeito oculto "eu".

— Exato, Michel! Parabéns!

O professor Yvan já sabia que uma ótima estratégia para fazer Michel se envolver mais com as atividades da aula estava em elogiar seus acertos. E estava dando certo. Aos poucos, o menino ia esquecendo sua preocupação maior — a doença misteriosa da avó — e começava a expressar aquela alegria espontânea da criança que era. Até que sua colega, a menina Alice, fez uma pergunta que desencadeou um efeito inesperado.

— Prô... Prô Yvan?

— Oi, Alice, pode falar, estou ouvindo.

— Por que o Gabriel não veio hoje? Ele sempre vem.

Yvan respirou fundo, olhou no relógio, constatou que faltavam pouco mais de quarenta minutos para terminar a aula e concluiu que deveria antecipar o diálogo que havia preparado para os últimos trinta minutos.

— Então, Alice, vamos lá. Eu tinha planejado conversar com vocês sobre isso nos últimos trinta minutos de aula, mas como já fizemos uma boa quantidade de exercícios e você já trouxe a pergunta, vamos já conversar sobre esse assunto a partir de agora, e temos bastante tempo para conversar com calma. Todos vocês poderão me perguntar o que quiser. Turminha, o Gabriel está bem. Aconteceu algo muito triste com sua família, mas ele está bem. Hoje ele está em um funeral, no velório de seu avô Joaquim. Vocês lembram do vovô Joaquim? Ele estava na barraquinha do tiro ao alvo da festa junina da escola ano passado. Ele distribuía as munições para as espingardas de rolha e cobrava as fichas. Sempre com um sorriso no rosto.

— Eu lembro do vovô Joaquim... — falou Alice, com a voz fraca, entristecida, com vergonha de ter perguntado e os olhos marejados.

Todos ficaram em silêncio, muito tristes. Várias crianças estavam se esforçando para não chorar. Professor Yvan continuou:

— Queridos... Ninguém nunca sabe bem o que dizer quando alguém que gostamos morre. E também não sei bem o que dizer para vocês. Mas imagino que deve estar sendo muito difícil para nosso amigo Gabriel e para a família dele. O Gabriel vai gostar de receber o carinho de vocês. Então, quem quiser pode me enviar uma mensagem de apoio para eu repassar para o Gabriel. Ou se preferirem, podem mandar diretamente para ele. O que acham?

Todos concordaram e começaram a mandar os áudios imediatamente para o professor. Em seguida, Yvan abriu um espaço para as crianças fazerem perguntas, coisas que tivessem surgido na cabeça delas. O principal questionamento foi sobre a causa da morte. A resposta era algo que Yvan não queria dizer, mas também não queria mentir, então falou:

— O vovô Joaquim já estava bem velhinho e tinha uma doença que se chama hipertensão arterial, muito comum e muito perigosa. Vocês podem pesquisar mais sobre ela e apresentar a pesquisa semana que vem, ok? Já vou dar uma dica: hipertensão arterial é uma das principais causas de morte de pessoas no Brasil há muitos anos.

Quando a aula terminou, Michel ficou se remoendo porque não teve coragem de perguntar o que ele mais queria saber, mas tinha medo da resposta: a demência podia matar a vovó Michele?

Michel chegou a enviar essa pergunta como mensagem de texto para o professor Yvan. Mas, logo em seguida, arrependido, apagou a mensagem antes de ser lida.

Decidiu ir mais fundo em sua pesquisa. Pegou o celular e falou: "Ok, Google. Demência mata?" Apareceu uma notícia meio velha da BBC, de 2014, com a manchete: "Demência é a principal causa de morte entre mulheres na Inglaterra." Michel leu a primeira frase da notícia: "De acordo com os dados, a demência mata três vezes mais que o câncer de mama e milhares de vezes mais que um infarto ou um derrame."

Seu medo só aumentava, nunca ninguém de quem ele gostava muito havia morrido. Michel não sabia o que fazer. Bem nesse momento, seu pai o chamou lá do escritório:

— Micheeeel!

— Oi, pai.

— Vem cá, vovó Michele está online! Ela quer falar com você.

— Não posso agora, paaai! Estou resolvendo um negócio da escola aqui pelo WhatsApp com o professor Yvan — mentiu Michel.

O menino não estava pronto para falar com sua querida avó. Ele estava desesperado, com medo de ela estar próxima da morte. Não sabia o que fazer. Preferia ficar trancado sozinho no quarto naquele momento, pensando e pesquisando. Ficava cada vez mais desesperado. As falas dos colegas e do professor no final da aula eram repassadas aleatoriamente em sua mente. Traziam informações imprecisas e incompletas sobre a morte. Michel nunca havia pensado daquele jeito sobre a morte, como algo real, possível, próximo de acontecer.

Vítor bateu à porta do quarto.

— Vamos, meu filho, abra a porta — insistiu. — O que foi, Michel? Por que você não quis falar com a vovó? Você não está com saudades dela?

— Não é isso, pai... — respondeu abrindo a porta.

— Você está com saudade dela?

— Sim...

— Então anime-se que depois de amanhã nós vamos visitá-la!

— Não, pai! Não podemos! A gente não tinha combinado de não visitar a vovó porque ela era velha e então ela tinha mais risco de pegar covid?

— Tinha, filho, mas...

O menino não estava pronto para falar com sua querida avó. Ele estava desesperado, com medo de ela estar próxima da morte. Não sabia o que fazer. Preferia ficar trancado sozinho no quarto naquele momento, pensando e pesquisando. Ficava cada vez mais desesperado. As falas dos colegas e do professor no final da aula eram repassadas aleatoriamente em sua mente. Traziam informações imprecisas e incompletas sobre a morte. Michel nunca havia pensado daquele jeito sobre a morte, como algo real, possível, próximo de acontecer.

— Então, pai! Não podemos! Não! É muito perigoso! Não vamos, por favor!

— Calma, filhão. Vamos fazer tudo com segurança.

— Como, pai?

— Daqui a pouco sua mãe sai da reunião de trabalho, e nós três vamos ao laboratório aqui pertinho para fazer o teste de covid. Em dois dias já teremos o resultado e estaremos seguros de que nenhum de nós tem a doença, e então vamos passar o dia na casa da vovó.

— Não, pai! Não é seguro! A Marina falou na aula que o pai dela disse que esses testes erram muito.

— Calma, filho. Pode confiar em mim, eu sou médico, esqueceu?

— O pai da Marina também é. Ele trabalha com esses exames, ela disse na aula.

— E aí? Estou pronta. Vamos fazer os exames? — perguntou Letícia chegando no quarto sem saber o que estava acontecendo.

— Não, mãe! Não podemos visitar a vovó, é muito perigoso! Vocês não estão vendo?

— Filho, chega! Eu sou seu pai, sou médico, e você vai me obedecer. Vamos, coloque um tênis, uma máscara e vamos, já! — ordenou Vítor.

— Calma, Vítor. Deixe que eu falo com ele... — pediu Letícia.

Vítor saiu do quarto resmungando, levantando os braços e dando um longo suspiro.

— O que foi, filho? O que está acontecendo? Eu conheço você. Tem caroço nesse angu. Me conte.

— Já disse, mãe! É perigoso! Pe-ri-go-so! E se a vovó morrer?

— Seu pai é médico, filho, e ele...

— O pai da Marina também.

— E o que tem o pai da Marina?

— O pai da Marina explicou que esses testes de covid erram muito, que não podemos confiar.

— Hummm... Então é isso.

— E... o vô do Gabriel morreu! Morreu, mãe! Morreu de hipertensão arterical! Ele era só um pouco mais velho que a vovó, eu acho.

— Ah, filho... Eu não sabia. E o nome certo é hipertensão arterial, querido. Arterical não existe.

— É, mãe... a escola contou pra gente hoje, porque o Gabriel não foi à aula. Estava no velório.

— Olha, filho, a vovó Michele não vai morrer porque a gente vai visitá-la.

— Não tem como saber disso, mãe.

— Tem, sim, filho. Os exames que faremos são os melhores que existem. Ela não vai morrer, Michel.

— Não tem como você saber disso também, mãe. Eu tenho medo de ela morrer, mãe — chorou abraçando a mãe.

— Vamos fazer assim, querido. Agora nós vamos fazer os testes que são os melhores que existem. Amanhã nós decidimos se vamos ou não. Está bem?

— Tá...

Fizeram os testes. Michel não havia contado a ninguém que sabia da "demência", mesmo sem ainda ter entendido bem o que a palavra significava. Guardava segredo para não descobrirem que ele havia ficado atrás da porta escutando a conversa do pai com a avó.

No dia seguinte, os resultados, como esperado, confirmaram: todos negativados, não tinham covid, podiam visitar Michele. O menino havia perdido todas as forças para brigar, mas continuava com muito medo. Naquela noite, véspera da visita, chorou escondido, debaixo do travesseiro. Ninguém viu.

Acordaram. Tomaram café da manhã. Vítor e Letícia estavam empolgados com o dia de folga para visitar Michele. O menino permanecia em silêncio, não oferecia mais resistência, como um boi seguindo pelo corredor de um abatedouro. Vítor e Letícia perceberam a tristeza do filho. Era evidente. Optaram por ignorar, pensando que, se não alimentassem aquele "drama", passaria mais rápido.

Terminaram o café da manhã. Tomaram banho. Vestiram-se. Providenciaram suas máscaras. Vítor levava álcool em gel para todos. Entraram no carro. O coração de Michel batia acelerado, mas ele continuava em silêncio, resignado. Chegaram na garagem do prédio de Michele. Entraram no elevador. O menino continuava calado e estava pálido de medo e impotência.

— Queridos! Que saudades! — Michele não se conteve e foi logo abraçar todos à porta do apartamento, agarrando primeiro o netinho. Os olhos do menino se encheram de lágrimas, que ele tratou de secar no minuto seguinte.

Aos poucos, o neto foi se animando com a presença da avó. Ele a adorava. E não tinha mais o que fazer. *"Talvez seja um exagero meu mesmo..."*, pensou Michel, cultivando a esperança de seus pais estarem certos. Assim, se entregava à felicidade do momento, mas vez ou outra um pensamento invadia sua mente:

"E se ela morrer?" Por um instante, os olhos voltavam a se encher de lágrimas, e ele as continha.

Nesse vaivém de emoções, ora navegando na superfície da alegria, ora mergulhando rapidamente nas profundezas do medo, o menino ia vencendo o dia, minuto a minuto. Almoçaram uma feijoada deliciosa que todos adoravam e que vovó Michele havia encomendado. Tomaram água de coco. Comeram torta de limão de sobremesa. Tudo de que Michel sempre gostou. Depois do almoço, Letícia e Vítor foram descansar nas espreguiçadeiras do terraço. Michele e o neto brincavam na sala com um imenso quebra-cabeça que os dois só montavam juntos e estava parado desde o início do distanciamento social exigido pela pandemia.

Enquanto encaixavam lentamente algumas das 2 mil peças daquele quebra-cabeça, o oceano da mente de Michel era desbravado por sua avó:

— Então, Michelzinho, como está na escola?

— Está bem, vovó. E como está na Assembleia? — retrucou o menino, sagaz.

— Está bem, querido.

Michele sabia que seu neto escondia algo. Ele sempre adorava contar as coisas da escola para ela, com detalhes. Ele só mudava de assunto assim quando estava evitando alguma conversa. Continuou a investigação enquanto procurava a peça do quebra-cabeça que encaixasse na imagem dos cabos da Golden Gate Bridge.

— Você está gostando de alguém da escola, Michel?

— Não, vovó. Nem estou com cabeça pra isso. E você, está gostando de alguém na Assembleia? — perguntou rindo.

— Hahaha! Essa é boa, querido! Não, também não estou com cabeça pra essas coisas. — E riram juntos.

— Achei, vovó! — Comemoraram enquanto Michel encaixava uma peça na imagem da estrutura da ponte.

Após um breve silêncio, o menino reuniu sua coragem e arriscou uma pergunta sincera:

— Vovó...

— Oi, querido.

— O que é... demência?

A pergunta pegou Michele de surpresa. Ela fez uma instantânea leitura da situação, como faz quando é surpreendida por perguntas delicadas em audiências públicas ou no plenário da Assembleia. Entendeu que ele deveria ter alguma ideia sobre o que estava acontecendo com ela, mas que não soube pelos pais, pois se fosse assim, Vítor teria se comportado de forma diferente desde que chegou à sua casa e o menino não estaria tão confuso sem entender bem os riscos reais da doença. Ele deve ter tido acesso à palavra, mas não ao seu significado. Logo, ele só poderia ter escutado a conversa que ela teve com Vítor. Puxou sua memória e lembrou-se de que Vítor não estava de fones, então estava usando as caixas de som do computador, o que permitiria que o menino escutasse a conversa, dependendo de onde estivesse na casa. Decidiu avançar no diálogo para desmontar qualquer resistência que houvesse de seu amado netinho.

— Entendi. Você estava ouvindo minha conversa com seu pai?

— Não, vovó. Não estava.

— Querido, já falei pra você. Você pode fazer qualquer coisa e estarei sempre do seu lado, menos mentir para mim. Mentir é a única coisa que você poderá fazer para me magoar de verdade. Não minta. Eu sei que você ouviu.

— Ouvi, vovó. Desculpe... Não conte pro papai, por favor.

— Depende.

— Depende do quê?

— Depende de duas condições. Uma é que você deve falar a verdade e me prometer que não fará mais isso e que respeitará as conversas dos outros, porque diz respeito aos outros, e não a você. Você me promete isso de verdade?

— Prometo.

— Ótimo.

— E a outra?

— A outra, Michel, é que você tem que me dizer agora tudo que o está preocupando de verdade.

O pequeno abraçou sua avó e chorou copiosamente, grudado nela. Eles permaneceram abraçados por alguns poucos, mas eternos minutos, até ele se acalmar. Sem mais lágrimas e mais aliviado, Michel começou a se revelar:

— O Sr. Joaquim morreu, vovó. Lembra dele? O avô de meu amigo da escola. O avô do Gabriel. O vovô Joaquim estava na barraca do tiro ao alvo na festa junina da escola. Vocês dois conversaram bastante na festa. Lembra?

— Lembro, sim. Sinto muito. Como está o Gabriel?

— Não sei... Ele ainda não voltou para as aulas. O Prô Yvan disse que ele voltará na semana que vem. Mandamos uma mensagem de apoio pro Gabriel e pra família dele.

— Que bom, querido! Foi um belo gesto.

— Ele morreu de hipertensão. O coração dele parou de funcionar! Eu sei que você tem essa outra doença, essa tal de demência. E eu sei que isso mata muitas mulheres na Inglaterra. Eu vi no site da BBC.

— Oh, querido, não! Ainda não é certo que eu tenha demência. Pode ser que não seja nada, ou pode ser que eu esteja na fase bem inicial da doença. Mesmo se eu estiver na fase inicial da demência, isso não afeta em nada meu corpo e nem vai me matar. A demência é uma doença que acontece em nossa mente. Eu começo a esquecer algumas coisas. Pode ser que, no meio de uma conversa com você, eu pare de falar ou não me lembre mais do que estávamos conversando e do que eu já falei. E é só repetir tudo de novo.

— Eu já sei que é uma doença da cabeça, da mente, do cérebro.

— Sim, meu amor, é uma doença no cérebro. Mas estou me tratando com um excelente médico. Ele me garantiu que, mesmo se eu estiver no início de uma demência, eu posso adotar alguns hábitos para atrasar bastante esse processo de ir perdendo a capacidade de o cérebro funcionar bem, justamente porque descobrimos a doença ainda no comecinho.

— Nossa, vó! Que bom! — exclamou o menino, aliviado.

— Bom também não é, né, Michel?! — E riram juntos.

— Estou achando bom, vovó. Porque eu tava achando mesmo que você ia morrer!

Michele ficou pensativa. Em silêncio, voltaram suas atenções ao quebra-cabeça da Golden Gate Bridge. Michel se sentia muito mais leve. Já a vovó Michele continuava pensativa, formulando, gestando uma fala que precisava ser modelada no melhor formato possível. Sabia que seria uma escolha de palavras importante, pois possivelmente o que seria dito naquele instante ressoaria por muitas décadas na mente de seu amado neto.

— Michel...

— O que foi?

— Escute bem, meu amor. Eu vou morrer. Sim, eu vou morrer. Você vai morrer também. Seu pai vai morrer. Sua mãe vai morrer. Todas as pessoas morrem. E não sabemos quem vai primeiro. A gente sempre espera que os mais velhos morram primeiro, mas não é assim que funciona sempre. Até você, meu querido, pode morrer amanhã. Todo mundo pode morrer a qualquer dia. A morte não é o contrário da vida. Ela é parte da vida. Assim como o nascimento é parte da vida. O contrário da vida não é a morte. O contrário da vida é o medo e a desistência. O contrário da vida é desistir de seus sonhos, de tudo aquilo que você escolher que seja o sentido da vida. O nascimento serve para nos dar um tempo de vida. A morte serve para limitar esse tempo. Esse limite nos faz dar importância para nosso sentido de vida. Sim, um dia sua vida vai acabar, e não sabemos quando será. Então o que mais importa é você formular uma resposta para a pergunta: para que eu vou viver?

O menino escutava com toda a atenção, como se uma rosa mágica estivesse desabrochando em sua frente.

— Então, meu netinho querido, você pode responder a essa pergunta do jeito que quiser. Pergunte-se todos os dias: para que eu vou viver? Nesse momento, eu vou viver para montar o quebra-cabeça com meu neto. Mas também posso viver um dia para levar você na Golden Gate Bridge! Seja lá qual for seu grande desejo, pode ser algo simples ou algo bem fantástico. Não importa. Escolha sempre uma boa resposta para a pergunta: para que eu vou viver? Assim, o medo da morte vai embora, porque a gente aprende e aplica o que ela veio nos ensinar.

— Falando assim, vovó, a morte fica bonita igual ao nascimento.

Nesse ponto de imensa profundidade da conversa, Michele e Michel olharam dentro dos olhos um do outro, sorriram e voltaram ao quebra-cabeça. Vítor e Letícia chegaram à sala, relaxados, e se juntaram ao grande objetivo de ordenar as 2 mil peças da imagem daquela célebre ponte.

O contrário da vida não é a morte. O contrário da vida é o medo e a desistência. O contrário da vida é desistir de seus sonhos, de tudo aquilo que você escolher que seja o sentido da vida. O nascimento serve para nos dar um tempo de vida.

A morte serve para limitar esse tempo. Esse limite nos faz dar importância para nosso sentido de vida. Sim, um dia sua vida vai acabar, e não sabemos quando será. Então o que mais importa é você formular uma resposta para a pergunta: para que eu vou viver?

CAPÍTULO 6

DOMADOR DE RINOCERONTES: FUNDAMENTOS

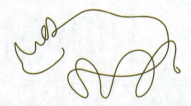

DOMADOR DE RINOCERONTES: FUNDAMENTOS

Letícia, Vítor, Michele e Michel enfrentaram desafios contemporâneos — profissionais e pessoais — e criaram soluções à medida que desenvolveram algumas das principais habilidades dos "domadores de rinocerontes". Ser um domador de rinocerontes é uma exigência para o líder do futuro (que já é agora). Contudo, antes de mostrar como chegar lá e quais habilidades você deve treinar, precisamos ter uma maior clareza em relação aos princípios que sustentam nossa visão de mundo, princípios que constroem nosso entendimento sobre qual é o cenário em que nossa realidade está acontecendo agora. Esses princípios que precisamos esclarecer já são os fundamentos da metodologia do **Domador de Rinocerontes**:

- O que é o futuro?
- Crise ou caos?

- Era Pós-Digital.
- Cisne-Negro ou Rinoceronte Cinza?

O QUE É O FUTURO?

Você sabe o que é futuro? Pergunta boa, não é mesmo? Lógico que você sabe o que é futuro. Como está no dicionário, é aquilo que vem depois de hoje. O futuro é depois do presente. E se eu lhe disser que não é só isso e que há muito mais aspectos para discutirmos sobre o que é o futuro? Veja, é extremamente importante que você amplie sua compreensão sobre o que é o futuro do qual estamos falando aqui, hoje. Futuro hoje?

Você se lembra da trajetória de sucesso que seus pais idealizaram para você? Ou a que você está idealizando para seus filhos? Aquela conhecida história... Em um primeiro quarto de vida, você nasce, se torna adolescente e estuda. No segundo quarto, você chega na fase produtiva, escolhe uma faculdade, começa uma profissão, casa-se, tem filhos. O terceiro quarto deveria ser aquela fase em que você alcança um platô, sua vida deve estar mais tranquila, seus filhos de repente já se casaram. Aí vem a quarta fase, em que você, enfim, diz para si mesmo: "Ah, agora eu vou aproveitar, vou me aposentar." ACORDA! Isso já não existe mais há muitos anos.

Precisamos entender que o futuro existe hoje. Quando eu formulo uma frase, já é o futuro da frase anterior. É muito importante que você entenda que o futuro não é algo distante. O futuro é algo próximo, muito próximo. O futuro é agora! Toda mudança que você queira fazer, toda coisa nova que deseja viver, viva agora, porque agora já é o futuro. Você sabia que existe uma disciplina, uma profissão, chamada "futurismo"?

Você sabe o que é futuro? Pergunta boa, não é mesmo? Lógico que você sabe o que é futuro. Como está no dicionário, é aquilo que vem depois de hoje. O futuro é depois do presente. E se eu lhe disser que não é só isso e que há muito mais aspectos para discutirmos sobre o que é o futuro? Veja, é extremamente importante que você amplie sua compreensão sobre o que é o futuro do qual estamos falando aqui, hoje. Futuro hoje?

O Futurismo não é adivinhação. Futurismo é uma disciplina, uma pós-graduação na qual você estuda metodologia, tecnologia, filosofia. Sim, muita filosofia, pois é preciso sabedoria para ser um bom futurista. E, então, com uma série de metodologias e formas muito bem estabelecidas, os futuristas fazem previsões, predições, sobre aquilo que pode acontecer. E para que serve isso? Serve como uma fonte de inspiração e busca de dados muito importante para a indústria de maneira geral. Quando menciono indústria, estou falando de você, de processos que afetam intensamente seu negócio, seu cotidiano, sua família, seus filhos.

O futurista é um especialista em discorrer sobre aquela famosa pergunta: *"E se...? E se fosse assim? E se fosse desse outro jeito?"* Ele constrói três ou quatro cenários possíveis, prováveis, e registra com detalhes essas possibilidades. Com essa análise de cenários possíveis, conseguimos trabalhar hoje verificando as situações que estão por vir, as quais muitas vezes podemos mudar. Vou repetir: conseguimos trabalhar hoje considerando as possibilidades do futuro e mudando a história que estamos vivendo. O futuro é agora.

Insisto: o futuro já chegou. O futuro de muitas previsões que foram popularizadas em nosso imaginário já chegou. E o mundo de hoje é o mundo do caos! O mundo do caos é também o mundo da abundância. Nossa realidade neste mundo de hoje (um mundo fluido) torna o acumular propriedades (ter) sem sentido. Acumular experiências de vida (ser) torna-se cada vez mais essencial. Preste muita atenção ao que os futuristas estão dizendo, pois quando você aprender bem a considerar os cenários futuros para sua empresa e sua vida pessoal, começará a viver e aproveitar o presente real do caótico e abundante mundo de hoje.

Há aqui uma possível contradição. Você percebeu? No Capítulo 1, defendemos que não faz sentido tentar administrar o futuro, sempre imprevisível. Então, como agora estamos defendendo o exercício de construção dos cenários feito por futuristas? Essa contradição é apenas aparente, porque, no Capítulo 1, o que estamos dizendo é justamente que *o foco de nossa energia* não deve ser usado para tentar controlar o incontrolável. Nosso foco deve ser usado para liderarmos a nós mesmos, conhecermos nossos processos internos e fazermos escolhas conscientes sobre o que queremos manter ou mudar em nossa forma de funcionar na vida. Com isso, estaremos mais aptos para o desafio de nos reinventar várias vezes, o que a Era do Caos exige e exigirá de todos nós. O futuro é, sim, imprevisível, incontrolável, mas, à medida que ele se aproxima, que vai se tornando presente, aumenta nossa capacidade de enxergá-lo. É isso que os futuristas fazem: são como sentinelas, são aqueles que se dedicam a ser os primeiros a enxergar as tendências futuras se aproximando, tornando-se presente. Eles podem dar o primeiro alerta sobre algum rinoceronte que esteja vindo em nossa direção! Portanto, façamos nosso trabalho de fortalecimento interno, de autoliderança, e aproveitemos o que os futuristas já conseguem ver no horizonte.

CRISE OU CAOS?

Na sua opinião, o momento pelo qual você está passando agora é uma crise ou é um caos? Primeiro, vamos fazer uma diferenciação desses dois conceitos de forma bastante simples. Crise a gente vive na família; crise a gente vive quando atravessamos uma instabilidade financeira; crise a gente vive ao enfrentar uma situação de desemprego; crise a gente vive no casamento... Isso tudo são crises. Já o caos é quando você dorme de um jeito e acorda em um mundo totalmente diferente. Captou?

Crise geralmente é algo previsível. Caos não. Pode parecer assustador, mas é exatamente no caos que criamos, inovamos. É o caos que faz com que coisas efetivamente novas surjam. O início

O foco de nossa energia não deve ser usado para tentar controlar o incontrolável. Nosso foco deve ser usado para liderarmos a nós mesmos, conhecermos nossos processos internos e fazermos escolhas conscientes sobre o que queremos manter ou mudar em nossa forma de funcionar na vida. Com isso, estaremos mais aptos para o desafio de nos reinventar várias vezes, o que a Era do Caos exige e exigirá de todos nós. O futuro é, sim, imprevisível, incontrolável, mas, à medida que ele se aproxima, que vai se tornando presente, aumenta nossa capacidade de enxergá-lo. É isso que os futuristas fazem: são como sentinelas, são aqueles que se dedicam a ser os primeiros a enxergar as tendências futuras se aproximando, tornando-se presente. Eles podem dar o primeiro alerta sobre algum rinoceronte que esteja vindo em nossa direção. Portanto, façamos nosso trabalho de fortalecimento interno, de autoliderança, e aproveitemos o que os futuristas já conseguem ver no horizonte.

Crise a gente vive na família; crise a gente vive quando atravessamos uma instabilidade financeira; crise a gente vive ao enfrentar uma situação de desemprego; crise a gente vive no casamento... isso tudo são crises. Já o caos é quando você dorme de um jeito e acorda em um mundo totalmente diferente. Captou?
Crise geralmente é algo previsível. Caos não. Pode parecer assustador, mas é exatamente no caos que criamos, inovamos!

É o caos que faz com que coisas efetivamente novas surjam. O início do Universo — o Big Bang — foi gerado pelo caos. A corrida dos espermatozoides para fecundar um óvulo é o caos. E você nasceu! Se você pensar bem sobre todas as formas de nascimento, todas as formas de criação, perceberá que existiu ou se precedeu um caos.

do Universo — o Big Bang — foi gerado pelo caos. A corrida dos espermatozoides para fecundar um óvulo é o caos. E você nasceu! Se você pensar bem sobre todas as formas de nascimento, todas as formas de criação, perceberá que existiu ou se precedeu um caos.

Note que em todo momento extraordinário de sua vida, você viveu também algo péssimo. Parece contraditório, não é mesmo? Veja bem, para que a gente viva algo extraordinário, para que nos destaquemos em algo, precisamos nos dedicar muito. Quando temos um objetivo ousado, quando queremos muito realizar um sonho, precisamos nos dedicar com intensidade, fazer muito esforço e sacrifícios. Portanto, *geralmente existe algo ruim antes de algo muito bom*. Há sempre um caos antes de um salto de crescimento, ou melhor, de um renascimento. Quando estiver enfrentando um caos, lembre-se: é o momento de crescer. É o momento de aproveitar a energia do caos para dar um salto de mudança, viver um renascimento, que deixará você mais próximo de seu sonho. É o momento de canalizar suas forças para criar uma mudança concreta onde quer que você deseja. No trabalho? Na vida pessoal? Seja lá onde você escolher direcionar essa imensa força de transformação... a força do caos.

O que isso tem a ver com seus negócios, com seu sucesso e sua formação como liderança do futuro? Compreender essa dinâmica do caos e desfazer a distorção dos que confundem caos com crise é fundamental para dominar as habilidades dos domadores de rinocerontes. Principalmente, é essencial saber diferenciar "adaptabilidade" de "resiliência" e aprender quando deve usar cada uma.

Você já deve ter ouvido falar muito de resiliência. Ser resiliente é ser como uma mola, que estica e estica e estica, mas depois volta ao seu formato. Ou é espremida e espremida e espremida, voltando também a sua forma. Simplificando grosseiramente, podemos dizer que resiliência é uma propriedade física que permite que o estado de uma matéria seja modificado sem que essa matéria seja de fato alterada. A resiliência está na moda! *"Você precisa ser resiliente!"*, é o que nos dizem. Mas, veja, resiliência funciona na crise, mas não funciona no caos. Nós nos tornamos resilientes seguindo aqueles comandos que nos fazem cruzar os braços e pensar *"vou aguentar firme porque isso vai passar..."*. Realmente, crise é algo que passa. Caos não.

Caos é uma transformação radical e instantânea do mundo todo. Você acorda, e tudo está diferente. Cruzar os braços e aguentar firme não adianta. O mundo não voltará a ser como era antes. No caos, é preciso abandonar a resiliência e ativar a adaptabilidade. Vem uma onda imensa? Ativo meu jogo de cintura, adapto-me, fujo ou talvez até me agarre a uma longa prancha e surfo! Caos é a "ordem" do mundo do futuro, que já chegou. Aqui e agora, no caos, é preciso ter adaptabilidade, jogo de cintura para atravessar as imprevisibilidades com tranquilidade. Um *domador de rinocerontes* joga fora a resiliência, não se importa com as crises, treina sua adaptabilidade e bate palmas para o caos.

A ERA PÓS-DIGITAL

Já estamos na Era Pós-Digital. Certa vez, eu estava conversando com uma pessoa muito culta. Estávamos falando sobre as eras, as sucessivas revoluções industriais, e ela me disse:

— Poxa, eu nem vi... as tecnologias vieram, foram implementadas, transformaram tudo, e eu nem vi direito isso acontecer.

Você também se sente assim?

De fato, não percebemos bem cada passo dessas mudanças. Elas acontecem de forma imbricada uma na outra e se sobrepõem em uma velocidade vertiginosa. Acabou a era da produção em massa totalmente orientada à geração de lucro. Isso já foi, já passou. Também não estamos mais na fase da implementação dos

Caos é uma transformação radical e instantânea do mundo todo. Você acorda, e tudo está diferente. Cruzar os braços e aguentar firme não adianta. O mundo não voltará a ser como era antes. No caos, é preciso abandonar a resiliência e ativar a adaptabilidade. Vem uma onda imensa? Ativo meu jogo de cintura, adapto-me, fujo ou talvez até me agarre a uma longa prancha e surfo!

Caos é a "ordem" do mundo do futuro, que já chegou. Aqui e agora, no caos, é preciso ter adaptabilidade, jogo de cintura para atravessar as imprevisibilidades com tranquilidade. Um domador de rinocerontes joga fora a resiliência, não se importa com as crises, treina sua adaptabilidade e bate palmas para o caos.

processos digitais, quando estávamos entrando no mundo digital. Não, isso também já é passado. A tecnologia já está aí, inserida e disseminada em toda nossa vida. Quase tudo que vivemos é permeado pelas tecnologias digitais. Se você já percebeu que estamos na Era Pós-Digital, ótimo. Caso ainda não tenha considerado isso, acorde! Sinto dizer que você está atrasado pelo menos uma década, e há muito para atualizar em sua compreensão do mundo.

O que significa estar na Era Pós-Digital? Significa uma análise totalmente diferente sobre como você vai gerir seu negócio, sobre como você vai tocar sua vida. Negócios ou vida? Essa é uma característica da Era Pós-Digital: as coisas se misturam. Você não tem que deixar de viver para trabalhar. Cada vez mais, você deverá ter prazer no que faz, enquanto está fazendo. Você pode trabalhar pelo celular com sua filha deitada em seu colo, por exemplo. Há mais liberdade para adaptar a jornada de trabalho às suas demandas pessoais. A busca pelo retorno financeiro não é mais algo com poder absoluto. Seu trabalho precisa lhe proporcionar também retorno pessoal, sentido de vida, precisa ser convergente com seus ideais. Você escolherá trabalhos relacionados a uma causa, algo que mexa com suas emoções, com que deseja se vincular, promovendo algo relevante para o mundo, para sua comunidade. Nossas atividades profissionais são cada vez menos isoladas a um microambiente. Agora é fundamental inserir outras pessoas, compartilhar conhecimentos, trocar, cooperar, escalar tudo o que você ganha envolvendo outras pessoas em um contexto ampliado.

Os empregos já são diferentes e serão ainda mais diferentes! Muito além da velha história "os robôs tomarão os empregos...". Sim, os robôs já estão tomando muitos empregos, mas também estão criando muitos outros. Profissões incríveis estão surgindo, e muitas delas não precisam mais de toda aquela longa e tradicional preparação, como a que eu vivi para ser médica algumas décadas atrás. O jogo agora é ser autodidata, é aprender sempre. Sempre

O que significa estar na Era Pós-Digital? Significa uma análise totalmente diferente sobre como você vai gerir seu negócio, sobre como você vai tocar sua vida. Negócios ou vida? Esta é uma característica da Era Pós-Digital: as coisas se misturam. Você não tem que deixar de viver para trabalhar. Cada vez mais, você deverá ter prazer no que faz, enquanto está fazendo. Você pode trabalhar pelo celular com sua filha deitada em seu colo, por exemplo. Há mais liberdade para adaptar a jornada de trabalho às suas demandas pessoais. A busca pelo retorno financeiro não é mais algo com poder absoluto.

Seu trabalho precisa lhe proporcionar também retorno pessoal, sentido de vida, precisa ser convergente com seus ideais. Você escolherá trabalhos relacionados a uma causa, algo que mexa com suas emoções, com que deseja se vincular, promovendo algo relevante para o mundo, para sua comunidade. Nossas atividades profissionais são cada vez menos isoladas a um microambiente. Agora é fundamental inserir outras pessoas, compartilhar conhecimentos, trocar, cooperar, escalar tudo o que você ganha envolvendo outras pessoas em um contexto ampliado.

estudar e trocar experiências com pessoas que sabem mais do que você em uma área. Estamos na era em que buscamos mentores.

"Ah, mentores... parece aquela conversa de autoajuda, desenvolvimento pessoal." Veja só, precisamos de desenvolvimento pessoal mesmo! Você pode ter vários mentores. Cinco, dez mentores! Mentor é aquela pessoa que tem mais experiência, que sabe mais de determinada área do que você. Você aprenderá, e com os erros do outro. Não há por que, em uma Era Pós-Digital, você ter de aprender apenas com os próprios erros. Não é mais necessário esperar uma longa jornada de trabalho e erros para descobrir por si mesmo todos os conhecimentos fundamentais de determinado assunto. Esqueça isso! Seu foco deve ser: *"Em que eu posso ajudar? O que eu posso prover para aquela pessoa resolver determinado problema?"* Atenção: esse foco na resolução de problemas é mais uma habilidade dos *domadores de rinocerontes,* que detalharemos no próximo capítulo.

CISNE-NEGRO OU RINOCERONTE CINZA?

Você já ouviu falar em cisne-negro? É provável. É uma espécie de ave rara originária da Austrália. E em um rinoceronte cinza? Com certeza, né? Ouvimos falar deles desde criança. Mas o que isso tem a ver com negócios, com gestão e liderança? Esses dois animais representam teses econômicas extremamente interessantes. Um deles é muito conhecido e bastante divulgado em vários livros: o cisne-negro, de Nassim Nicholas Taleb. Com a metáfora do cisne-negro, ele apresenta sua teoria — a "Teoria da Antifragilidade".

Vamos lá! Em primeiro lugar, antifragilidade não é o contrário de fragilidade. O contrário de frágil é forte. Frágil é uma coisa que quebra facilmente, algo que não tem resistência. Então, o que seria antifrágil? Ser antifrágil é conseguir não ser impactado por

Você aprenderá, e com os erros do outro. Não há por que, em uma Era Pós-Digital, você ter de aprender apenas com os próprios erros. Não é mais necessário esperar uma longa jornada de trabalho e erros para descobrir por si mesmo todos os conhecimentos fundamentais de determinado assunto. Esqueça isso! Seu foco deve ser: "Em que eu posso ajudar? O que eu posso prover para aquela pessoa resolver determinado problema?" Atenção: esse foco na resolução de problemas é mais uma habilidade dos domadores de rinocerontes, que detalharemos no próximo capítulo.

alguma fragilidade. Traduzindo do ponto de vista econômico, por exemplo: você fará uma carteira de investimentos e investirá em diversas ações, fundos imobiliários, títulos de renda fixa, títulos de renda variável etc. Para fazer um controle de risco e ser antifrágil, Taleb sugere que você coloque uma pequena parcela de seus recursos em algo que valorizará muito, caso aconteça algum evento muito raro que faça toda sua carteira principal perder valor. Imagine que você tem R$100 mil para investir. Você investirá R$98 mil em sua carteira principal e R$2 mil em algo que valorizará exponencialmente se um evento muito, muito raro, acontecer, algo que destruiria todo seu investimento da carteira principal — um cisne-negro.* Dessa forma, você ficará antifrágil em relação aos R$98 mil investidos na carteira principal. Esse é o conceito do cisne-negro. Algo raro, muito improvável de acontecer, que quando aparece, pode causar um estrago estrondoso.

E o que o rinoceronte cinza tem a ver com isso tudo? A economista Michele Wucker pensou o seguinte: nem todos os eventos grandes e impactantes são assim tão raros e imprevisíveis. Muitos dos eventos que impactaram a economia mundial e foram tidos por muitos como cisne-negros (a crise de 2008, por exemplo) não eram tão imprevisíveis assim. Pelo contrário, eram muito previsíveis, se tivéssemos feito um pouco de análise futurista, desenhado cenários. E se tivéssemos aguçado nossa capacidade de enxergar os próximos cenários possíveis, concluiríamos que aquela grande crise econômica não era um cisne-negro, e sim um rinoceronte cinza — algo comum, provável, fácil de ser visto, reconhecido, evitado.

---

* Este livro não pretende fazer nenhuma orientação de investimentos financeiros, e a autora nem tem competência para isso. Este exemplo é apenas uma forma muito simplificada de expor o conceito de cisne-negro, presente na teoria desenvolvida por Taleb.

É aí que ouso aportar um acréscimo a partir da brilhante teoria de Michele Wucker: incluo a possibilidade de não apenas prever, evitar, escapar dos rinocerontes cinzas, mas também de domá-los! Sim, domar os rinocerontes cinzas! Como você reage aos grandes e perigosos acontecimentos que já são prováveis, que já estão vindo em sua direção ou talvez até já estejam em sua sala? Como você se comporta diante desses grandes e comuns perigos da vida? Eventos comuns e de enorme impacto, que podem fazer imensos estragos... Como você lida com eles? Admito que, quando um cisne-negro acontece, não há como domá-lo, mas o que mais acontece em nossa vida não são cisnes-negros. O mais comum são rinocerontes cinzas. E é possível domá-los! Agora lhe mostrarei como. Enfim, chegou a hora de analisarmos a história da família Andreozzi e demonstrar cada habilidade do domador de rinocerontes que você pode se tornar.

É aí que eu ouso aportar um acréscimo a partir da brilhante teoria de Michele Wucker: incluo a possibilidade de não apenas prever, evitar, escapar dos rinocerontes cinzas, mas também domá-los! Sim, domar os rinocerontes cinzas!

CAPÍTULO 7

DOMADOR DE RINOCERONTES: HABILIDADES

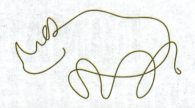

DOMADOR DE RINOCERONTES: HABILIDADES

O que acontece quando alguém enfrenta um desses rinocerontes cinzas da vida contemporânea? A reação da maioria das pessoas passa pelas seguintes fases: negação, confusão/preocupação, briga/raiva, pânico e ação atropelada.

Letícia, por exemplo, estava animada com o "plano perfeito" para sua empresa — a Sol Foods. Mas, diante do caos econômico causado pela pandemia, ao analisar os gráficos de projeções financeiras da empresa, ela entrou em negação. Preferiu se agarrar à conclusão de que era possível sustentar a operação da empresa no curto prazo. E negou a informação mais relevante daqueles gráficos: a Sol Foods faliria, caso a pandemia não acabasse e os mercados não voltassem a funcionar como antes. Encerrou a reunião com uma frase categórica: *"Não vamos falir! O isolamento social da pandemia não vai durar cinco meses!"* Como se alguém pudesse garantir que tudo voltaria ao normal após esse período. Negação.

O que acontece quando alguém enfrenta um desses rinocerontes cinzas da vida contemporânea? A reação da maioria das pessoas passa pelas seguintes fases: negação, confusão/preocupação, briga/raiva, pânico e ação atropelada.

Consumida pela negação, Letícia se envolvia em uma configuração mental e emocional de confusão, tinha dificuldades para resolver coisas simples como dialogar com o vizinho sobre a questão do vazamento no prédio ou com seu marido e filho sobre a divisão de tarefas cotidianas, como atender ao interfone, por exemplo. Gastava tempo e energia pensando no azar que tinha. Em vez de tentar criar soluções novas, ela só demonstrava preocupação. Confusão/preocupação.

Mais evidente ainda, na história de Letícia, foi a efervescência da raiva. O império de um espírito belicoso estava de prontidão, disponível para atacar quem a cutucasse... o vizinho, o marido, o filho ou alguém da empresa. O diretor financeiro da Sol Foods, Daniel Magalhães, foi o alvo da ira de Letícia. Ela conseguiu brigar justamente com Daniel, que estava tão calmo, bem-intencionado e disponível ao diálogo. Briga/raiva.

As semanas foram passando e, um mês após a reunião fatídica, estava ficando claro que a pandemia duraria muito mais que cinco meses. O pânico começou a corroer suas unhas e sua psique. Aumentaram a negação, a confusão e a raiva. E o que o pânico faz? O pânico leva a ações atropeladas, decisões precipitadas, que geram mais pânico, em uma terrível progressão geométrica. Letícia aumentou a confusão, acreditando que estava sendo perseguida por Daniel, como se ele quisesse derrubá-la da presidência da empresa. Pânico, negação, confusão e briga. Tomou uma atitude precipitada: expôs na reunião da diretoria a preocupação de estar sendo perseguida por Daniel e propôs que ele se demitisse.

— Se quer tanto resolver as finanças com demissões, Daniel, por que não se oferece para ser o primeiro a ser desligado da empresa?

— Não por isso, Letícia. Coloco meu cargo à disposição. Ou melhor, eu mesmo me demito. Passar bem.

Daniel era o responsável pelo processo financeiro dos negócios, e, além de estar na empresa desde a fundação, ele era grande amigo do pai de Letícia. Perdê-lo assim, sem a devida preparação de um substituto, seria ainda mais catastrófico. Diante do *rinoceronte cinza* da provável falência da empresa, Letícia reagiu com negação, confusão/preocupação, briga/raiva, pânico e ação atropelada.

Agora tomemos o exemplo do Vítor, médico e professor, que negava as evidências de que estava doente. Irritabilidade, ansiedade e angústia, necessidade de um grande esforço para fazer coisas que antes eram fáceis, tristeza, desânimo persistente, baixa autoestima, sentimentos de inutilidade... Ele mesmo não identificava os sintomas de sua depressão. Quando sua esposa os evidenciou, ele negou com ironia. Em seguida, com os sintomas cada vez mais claros, em vez de encarar a realidade, aumentou seu esforço de negação, dizendo:

— Você está me enlouquecendo com essa história absurda de depressão, Letícia. Acho melhor ficarmos distantes por um tempo. Vou dormir no escritório a partir de agora.

A confusão e a preocupação estavam cada vez mais fortes à medida que Vítor se atrapalhava e não conseguia atender a uma demanda simples da direção da faculdade: adaptar suas aulas para o formato digital. A situação já estava tomando proporções danosas. Sua irritabilidade, sua predisposição à raiva, sobrava tanto para a esposa quanto para os empregadores. O casamento e o emprego estavam correndo sérios riscos de desmoronarem de vez.

O prazo dado pela direção da faculdade se aproximava. O fracasso derradeiro de Vítor estava cada vez mais próximo. Condições perfeitas para o pânico entrar em cena. A decisão atropelada de se isolar em seu escritório não poderia ser pior. Aumentaram os efeitos da depressão, e isso o afastou das duas pessoas que de fato poderiam ajudá-lo a resolver o desafio imposto pela faculdade: o filho e a esposa. Nesse círculo vicioso de autodestruição, faltando poucos dias para o fim do prazo de entrega, ele quase deixou seu computador se espatifar no chão. Diante do *rinoceronte cinza* da própria depressão, o Dr. Vítor Andreozzi reagiu com negação, confusão/preocupação, briga/raiva, pânico e ação atropelada.

Michele Andreozzi, mãe de Vítor, também seguiu a mesma rota. Aos 72 anos, a deputada estadual, em seu segundo mandato, começou negando as evidências de que estava passando por algo grave, de que tudo indicava um início de demência — o que não é incomum em sua idade, mas parecia inaceitável para uma mente tão ativa como a dela. Não encarar o problema fez com que os lapsos de memória se tornassem mais frequentes, e suas consequências, mais perigosas. Estava cada vez mais exposta aos seus adversários políticos, sendo salva repetidas vezes por sua principal assessora, Juliana.

A negação e a confusão também a levaram para um estado emocional raivoso, culminando na briga com Juliana, que insistia na investigação do que realmente estava acontecendo com sua saúde mental. Durante o conflito com Juliana, Michele tomou uma decisão impulsiva e desastrosa: forçou o afastamento de sua principal assessora. O pânico se alastrou quando, sem a ajuda de Juliana, viu-se experimentando mais um lapso total de memória durante uma sessão pública, em um diálogo delicado com seu principal adversário político. A mente em branco!

Ao se deparar com o *rinoceronte cinza* da decadência de sua performance mental, Michele reagiu mal — com negação, confusão/preocupação, briga/raiva, pânico, ação atropelada — e quase multiplicou o prejuízo que aquele rinoceronte causaria, uma vez que toda sua carreira política poderia ruir de um dia para o outro, além de outros riscos domésticos, como esquecer o fogo aceso, por exemplo, o que poderia ter custado sua vida.

Até mesmo Michel, de apenas 10 anos, tem de lidar com algum *rinoceronte cinza* da vida. O garoto está descobrindo o risco de sua querida avó morrer. Ele não chegou a passar pela negação, pois ainda não aprendeu essa estratégia. Mergulhou de cara na confusão e na preocupação. Ao escutar escondido uma conversa de adultos, descobriu que sua avó estava com uma doença chamada "demência" — um mistério para ele que, mesmo tendo pesquisado, não compreendia com segurança quão grave era ou não aquela enfermidade. Ele não poderia perguntar para seus pais sem que descobrissem que ele havia ouvido escondido a conversa. Na mesma época, o avô de seu colega de escola morre por complicações decorrentes de uma hipertensão arterial.

Michel temia que a doença de sua avó também trouxesse complicações fatais para ela. Em uma crescente espiral de confusão e medo, tomou a decisão impulsiva de não falar com a avó, de se isolar, e fez tudo o que podia para não a visitar. Chegou a brigar com seu pai para que essa visita não acontecesse. A morte de pessoas próximas ou a nossa é um dos exemplos mais claros de *rinoceronte cinza*. Todos morreremos e pode ser a qualquer momento. Isso simplesmente é um fato, um enorme rinoceronte bem comum no meio de nossa sala. Diante do *rinoceronte cinza* de lidar com a possibilidade de perder alguém muito querido, o pequeno Michel reagiu com confusão, preocupação, medo, briga e decisão atropelada.

Os casos dos Andreozzi mostram claramente como funcionam nossas reações diante de uma ameaça, de algo que consideremos um perigo: negação, confusão/preocupação, briga/raiva, pânico e ação atropelada. Mas a história deles não acaba aí!

Letícia, Vítor, Michele e Michel desenvolveram as habilidades fundamentais dos domadores de rinocerontes (sem que percebessem de forma consciente) e criaram soluções, novas formas de viver e de serem mais felizes no caos da vida contemporânea que constantemente nos envia rinocerontes cinzas para domarmos. Chegou o momento de contar quais são cada uma dessas habilidades que precisam ser utilizadas (e que você pode treinar) para domar um evento provável, grande e perigoso que já aconteceu ou está prestes a acontecer, impactando radicalmente sua vida.

DISTANCIAMENTO

O distanciamento é necessário aos domadores de rinocerontes. Antes da Era do Caos, seria suficiente ter uma visão do todo durante um planejamento estratégico de sua carreira ou dos grandes planos de vida e só revisar esse planejamento estratégico, essa visão panorâmica, após alguns anos. Atualmente, em um período marcado pela sucessão frequente de acontecimentos rápidos e perigosos que mudam seu mundo de uma hora para outra, todo dia (às vezes, mais de uma vez por dia), é necessário "distanciar-se" da tarefa operacional. Por alguns instantes, é essencial vislumbrar o todo e verificar se aquela operação ainda faz sentido. Ou será que o cenário já mudou radicalmente mais uma vez?

O caminho que estou tomando ainda faz sentido? Fazer essa pergunta é um movimento de distanciamento reflexivo. Se sua configuração mental não estiver adaptada a rever o sentido de tudo com frequência, a repetição desse distanciamento reflexivo e o retorno à tarefa rotineira lhe parecerão frenéticos, e isso poderá causar vertigem, irritação e drenar sua energia produtiva.

Saber distanciar-se para uma avaliação do todo e para verificar se aquela atividade ou projeto ainda tem sentido é a essência do entendimento de como viver. É um movimento potente e necessário.

"O que quero agora? Qual o sentido de tudo o que estou fazendo? Por que estou vivo?" Não caia no círculo vicioso dos traumas e dos dramas. Apenas se acostume a experimentar essas perguntas e a respondê-las da forma mais simples e verdadeira que conseguir.

Os casos dos Andreozzi mostram claramente como funcionam nossas reações diante de uma ameaça, de algo que consideremos um perigo: negação, confusão/preocupação, briga/raiva, pânico e ação atropelada. Mas a história deles não acaba aí!

Letícia, Vítor, Michele e Michel desenvolveram as habilidades fundamentais dos domadores de rinocerontes (sem que percebessem de forma consciente) e criaram soluções, novas formas de viver e de serem mais felizes no caos da vida contemporânea que constantemente nos envia rinocerontes cinzas para domarmos.

Atualmente, em um período marcado pela sucessão frequente de acontecimentos rápidos e perigosos que mudam seu mundo de uma hora para outra, todo dia (às vezes, mais de uma vez por dia), é necessário "distanciar-se" da tarefa operacional. Por alguns instantes, é essencial vislumbrar o todo e verificar se aquela operação ainda faz sentido. Ou será que o cenário já mudou radicalmente mais uma vez?

O caminho que estou tomando ainda faz sentido? Fazer essa pergunta é um movimento de distanciamento reflexivo. Se sua configuração mental não estiver adaptada a rever o sentido de tudo com frequência, a repetição desse distanciamento reflexivo e o retorno à tarefa rotineira lhe parecerão frenéticos, e isso poderá causar vertigem, irritação e drenar sua energia produtiva.

Exemplos de respostas potentes: para viver aventuras prazerosas, para orientar meus filhos, para oferecer ao mundo o que acumulei, para conhecer lugares incríveis... Responda algo sincero e verdadeiro. Seja lá o que for, o sentido de tudo em que você gasta seu tempo, seja com sua carreira ou em qualquer área da vida, emergirá com uma clareza imensa e facilitará muito a direção de suas decisões tomadas cotidianamente.

Não se apegue às respostas que você se deu hoje. Amanhã, ou mesmo daqui a algumas horas, o sentido de sua vida pode já ter mudado. A premissa permanente na Era do Caos é: tudo pode mudar em um instante. E está tudo bem! Jogue fora o que nos foi ensinado de que temos de saber o que queremos na vida, desde cedo, e perseguir isso. Viveremos tempo suficiente para ter inúmeras carreiras, objetivos diferentes, atingi-los e partir para os próximos!

Acostume-se em repetir as perguntas sugeridas e deixe sua mente livre para repetir ou mudar as respostas como quiser. Sabe aquela voz interior que diz: "Você tem de ser decidido, ter respostas definitivas e estáveis." Então, esqueça essa voz! Ela pertence a um mundo do passado. Hoje, sua capacidade de tomar decisões está muito mais vinculada à potência de suas perguntas que à consistência de suas respostas. Habitue-se a responder a questões fundamentais com frequência.

Experimentar caminhos e errar não é um problema, não diminui sua capacidade de gerir sua carreira e ser feliz. Pelo contrário, aumenta seu conhecimento sobre os caminhos que pode ou não seguir. Ficar persistindo, sendo "resiliente", forçando as mesmas respostas pode, sim, ser um grande problema! Seria como insistir em acelerar diante de um muro.

Só porque você não entende como um muro pode ter surgido de uma hora para outra onde sempre houve (e ontem mesmo havia) uma avenida livre, não quer dizer que o muro não exista. O muro está aí, na sua frente, e mesmo que você não entenda como ele pode ter surgido tão alto, tão rápido, não adianta negá-lo e continuar se chocando contra ele. Desapegue de suas respostas. Experimente-as com leveza, sem medo de errar, sem a necessidade de acertar. Esteja sempre pronto para recriar respostas melhores, mais adequadas para o que está vivendo agora. Caso você se mantenha apegado às suas explicações da realidade, às avalanches do caos, os rinocerontes cinzas da vida te atropelarão, o jogarão de um lado para outro, e você se verá em posições tão impensáveis que se tornará cada vez mais difícil pilotar sua carreira e sua vida.

Experimente as respostas com leveza e desapego. Invista mais energia em escolher perguntas potentes. Apaixone-se por suas perguntas, e não por suas respostas. *Somos guiados por nossas perguntas e somos limitados por nossas respostas.* Para domar os rinocerontes cinzas da vida, você precisará se acostumar a fazer esse movimento com agilidade: distanciar-se do problema, revisitar uma visão panorâmica de sua vida, escolher perguntas mais potentes para orientar a direção das próximas decisões e ações.

CRIATIVIDADE

Ser criativo também é uma habilidade decisiva para os domadores de rinocerontes. Na Era do Caos, aprender a produzir mais e melhor em situações caóticas é fundamental para o sucesso profissional e pessoal. Para isso, você precisará exercitar o "músculo da criatividade". Sim, a criatividade é como um músculo: pode e deve ser exercitada.

Para treinar bem essa habilidade, compreenda que ser criativo não é ter ideias mirabolantes. É conseguir usar todos os recursos disponíveis de forma original. Desperdício zero é o foco da criatividade em ambientes caóticos. Precisaremos usar tudo o que temos disponível para criar as melhores soluções, se quisermos sobreviver e evoluir. Ser criativo na gestão do caos não tem nada

Invista mais energia em escolher perguntas potentes. Apaixone-se por suas perguntas, e não por suas respostas. Somos guiados por nossas perguntas e somos limitados por nossas respostas. Para domar os rinocerontes cinzas da vida, você precisará se acostumar a fazer esse movimento com agilidade: distanciar-se do problema, revisitar uma visão panorâmica de sua vida, escolher perguntas mais potentes para orientar a direção das próximas decisões e ações.

a ver com ter pensamentos divergentes ou imaginações mirabolantes. Quando somos surpreendidos com um acontecimento grande e perigoso, tão impactante que faz desaparecer o chão ou desabar o teto de nossos negócios e de nossas relações, é melhor sermos mais como MacGyver* do que como Forrest Gump.**

Desperdício zero! Identificar novos recursos em tudo o que nos acontece, aproveitar tudo o que temos em mãos, tudo o que fomos até aqui, tudo o que podemos ser. Nada em você é desprezível! Tudo o que você é pode e deve ser encarado como um recurso direcionado para a realização de seu objetivo — na carreira e na vida. As experiências que temos são um pano de fundo excelente para conseguirmos ter mais criatividade.

Experimentamos essa necessidade de ser criativo quando acordamos no dia 15 de março de 2020 no Brasil e, de repente, estávamos todos em quarentena. Por mais que o risco da pandemia já houvesse sido anunciado desde novembro de 2019, a negação fez com que muitos brasileiros fossem pegos de surpresa com algo "aparentemente imprevisível". Então atravessamos a negação, a confusão, a preocupação, o pânico, as decisões atropeladas, mas nos adaptamos, criamos soluções aproveitando ao máximo os recursos disponíveis. *Home office*, *lives*, reuniões e consultas online, cursos a distância, novos tipos de atividades educacionais para as crianças e para os adolescentes que não podiam mais ir à escola, novas formas de cuidar da casa, da limpeza, da

---

* Herói de uma série de TV da rede ABC que saía de enrascadas absurdas utilizando soluções extremamente criativas, com poucos recursos materiais, e aplicando conhecimentos científicos.
** Protagonista do longa metragem mundialmente aclamado pela crítica e pelo público *Forrest Gump, o contador de histórias*. Forrest é um homem aparentemente simples do Alabama e que narra suas memórias. Suas histórias misturam de forma mirabolante sua trajetória pessoal com momentos decisivos da história dos Estados Unidos.

Para treinar bem essa habilidade, compreenda que ser criativo não é ter ideias mirabolantes, é conseguir usar todos os recursos disponíveis de forma original. Desperdício zero é o foco da criatividade em ambientes caóticos. Precisaremos usar tudo o que temos disponível para criar as melhores soluções, se quisermos sobreviver e evoluir. Ser criativo na gestão do caos não tem nada a ver com ter pensamentos divergentes ou imaginações mirabolantes. Quando somos surpreendidos com um acontecimento grande e perigoso, tão impactante que faz desaparecer o chão ou desabar o teto de nossos negócios e de nossas relações, é melhor sermos mais como MacGyver do que como Forrest Gump.

alimentação... Foram alguns dos desafios que exigiram o alto desempenho de nossa criatividade.

Você se saiu bem? Como está sendo o desempenho de seu "músculo" da criatividade? Essa habilidade já estava bem desenvolvida em você?

Como já dissemos, a criatividade pode ser treinada e fortalecida progressivamente, como qualquer outra habilidade. Mas como? Aumentando dois ingredientes fundamentais: **(1)** *mindset* focado na busca por soluções e **(2)** repertório sociocultural.

1) Desenvolver uma configuração mental (*mindset*) voltada para a busca por soluções é cultivar o hábito de não desistir, continuar se dedicando ao seu propósito até o fim e, depois do fim, insistir mais quantas vezes forem necessárias. É não parar nos erros e fracassos. É ser grato por eles, pois são um recurso muito valioso para impulsionar grandes aprendizados e grandes transformações na direção de seu propósito. Tudo o que acontece em sua vida, todas suas experiências, pode ser canalizado para otimizar seu desempenho no desafio de realizar seu objetivo, seus sonhos, o sentido que está escolhendo para sua vida.

2) Ter um repertório sociocultural amplo e rico é fundamental para criar soluções originais com o que você tem em mãos, com as limitações imprevisíveis que tanto nos desafiam durante a gestão do caos. Entenda bem: repertório cultural não é apenas saber nomes de obras e artistas. Repertório cultural é acumular diversas experiências de vida e transformá-las em informações e conhecimentos disponíveis para o uso de sua criatividade. Quando o caos trouxer um novo desafio, você estará pronto para tomar decisões rápidas, criar soluções originais com os recursos disponíveis e, assim, se aproximar de seus objetivos.

Como já dissemos, a criatividade pode ser treinada e fortalecida progressivamente, como qualquer outra habilidade. Mas como? Aumentando dois ingredientes fundamentais: **(1)** mindset focado na busca por soluções e **(2)** repertório sociocultural.

Desperdício zero é a chave para dominar a arte de ser criativo na Era do Caos. Não desconsidere nada do que você viveu. Tudo, tudo mesmo, o que você se tornou é uma valiosa força a ser canalizada para domar um rinoceronte cinza e alcançar seu propósito na vida.

FOCO

O que você está vivendo agora? Gaste uns minutinhos e responda a essa pergunta, aí na sua cabeça. Respondeu? Ótimo. Então, observe como você descreveu a situação. Sua descrição está focada no problema ou na solução? O copo pode estar sempre meio cheio e meio vazio. Uma liderança do futuro — um domador de rinocerontes — não pode gastar energia, tempo e dinheiro estendendo o foco no problema. É preciso, sim, enxergar o problema, o desafio, superar qualquer fuga negacionista, mas o foco tem de estar na solução. O problema é apenas um sintoma. É como a febre, que nos chama a atenção de que algo está errado em nosso organismo. O ideal é descobrir o que causou o problema. Assim, a solução se torna mais fácil e duradoura.

Sua mente tende a focar os pontos de vista mais conhecidos, mais habituais. Portanto, se você está habituado a reclamar da falta de sorte, da injustiça do mundo, sua mente tende a levar você para esse foco sempre que algo novo acontece. E o contrário também é verdadeiro. Se você treina sua mente a focar as soluções, a encontrar ou criar alternativas aparentemente impensáveis para qualquer desafio, sua mente também se acostuma a não desistir.

Na Era do Caos, é ainda maior a quantidade de rinocerontes cinzas — eventos comuns e potencialmente perigosos — que a vida lhe enviará na trilha da realização de seus sonhos. É fundamental que sua mente esteja habituada a não se impressionar com

Uma liderança do futuro — um domador de rinocerontes — não pode gastar energia, tempo e dinheiro estendendo o foco no problema. É preciso, sim, enxergar o problema, o desafio, superar qualquer fuga negacionista, mas o foco tem de estar na solução. O problema é apenas um sintoma. É como a febre, que nos chama a atenção de que algo está errado em nosso organismo. O ideal é descobrir o que causou o problema. Assim, a solução se torna mais fácil e duradoura.

o tamanho e/ou a frequência dos problemas e, por isso, desistir. É essencial que seu *mindset* esteja focado nas soluções. Você pode treinar seu foco na resolução dos problemas por meio dos pequenos desafios cotidianos.

AGILIDADE NA TOMADA DE DECISÃO

Domar os rinocerontes cinzas da vida na Era do Caos exige decisões rápidas. Esqueça o medo de errar. Lutar contra o erro é coisa do passado. É preciso errar rápido, para ter tempo de acertar a direção rumo a seus objetivos. Nas tomadas de decisão em condições caóticas, a agilidade é muito mais importante que a precisão.

Desde as últimas décadas do século XX, convivemos com um aumento progressivo da velocidade de tudo: dos processos produtivos, das trocas de informações, das comunicações, do aprendizado, do transporte, do desenvolvimento tecnológico. Agora, quando entramos na Era do Caos, essa aceleração da vida torna-se ainda mais acentuada, e a capacidade de decidir rápido tornou-se fundamental na gestão da vida profissional e pessoal.

As empresas que ainda promovem uma visão de que o gestor não pode errar perdem agilidade na tomada de decisão. Quando o gestor decide sob a pressão de não poder errar, cada escolha tem de ser muito preparada, e isso cria uma expectativa exagerada sobre cada decisão. Essa expectativa exagerada leva a uma frustração em relação aos resultados insuficientes ou à procrastinação — quando se exagera no tempo de preparo da decisão e se perde o melhor momento para realizá-la.

Há cerca de dez anos, no Vale do Silício, cresceu um movimento que prega uma nova forma de ver o fracasso, adotando a valorização da postura de "errar rápido". Perceberam que, quanto antes você tomar sua decisão e colocá-la em prática, mais cedo

Na Era do Caos, é ainda maior a quantidade de rinocerontes cinzas — eventos comuns e potencialmente perigosos — que a vida lhe enviará na trilha da realização de seus sonhos. É fundamental que sua mente esteja habituada a não se impressionar com o tamanho e/ou a frequência dos problemas e, por isso, desistir. É essencial que seu mindset esteja focado nas soluções. Você pode treinar seu foco na resolução dos problemas por meio dos pequenos desafios cotidianos.

Domar os rinocerontes cinzas da vida na Era do Caos exige decisões rápidas. Esqueça o medo de errar. Lutar contra o erro é coisa do passado. É preciso errar rápido, para ter tempo de acertar a direção rumo a seus objetivos. Nas tomadas de decisão em condições caóticas, a agilidade é muito mais importante que a precisão.

aprenderá o que não dá certo e, assim, poderá recomeçar do zero, com mais chance de acerto. Errar rápido também tem outra grande vantagem: é mais econômico, porque paralisa os prejuízos na fase inicial de qualquer processo.

É preciso ver os erros com outros olhos! Considerar os erros essencialmente como processos de aprendizado não é algo novo na filosofia e na pedagogia, mas nas últimas décadas deixou de ser apenas um discurso politicamente correto dos pedagogos e se tornou um princípio fundamental para empresas e profissionais alcançarem resultados.

Agora que entramos na Era do Caos, se você ainda não mudou seu ponto de vista sobre o ato de errar, corre o risco de não superar os desafios desse novo contexto civilizatório, quando tudo está muito mais acelerado e intenso. Decida rápido. Esqueça o medo de errar. Erre rápido. Aprenda rápido. Redesenhe a ação e recomece rápido.

Esse é o caminho mais seguro para direcionar seus recursos rumo ao resultado que deseja. Isso serve para superar os grandes perigos de qualquer rinoceronte cinza que esteja ameaçando você e continuar mais forte rumo aos seus sonhos na vida. Errar é o melhor caminho para encontrar as formas de acertar, desde que o erro seja rápido e sirva de aprendizado.

Todas as habilidades dos domadores de rinocerontes se misturam, uma potencializa a outra. Note que o *distanciamento* (a capacidade de ir e voltar de uma visão operacional do problema para uma visão panorâmica da vida em que esse problema está inserido) é fundamental para a *agilidade na tomada de decisões*. As decisões, para serem ágeis, muitas vezes são orientadas por um processo mais intuitivo do que racional. Considere os atletas de alto desempenho, a forma como um tenista decide rebater a bola, um passe que um jogador de futebol decide fazer, o comando que o piloto de Fórmula 1 dá para seu carro em uma curva fechada...

Agora que entramos na Era do Caos, se você ainda não mudou seu ponto de vista sobre o ato de errar, corre o risco de não superar os desafios desse novo contexto civilizatório, quando tudo está muito mais acelerado e intenso. Decida rápido. Esqueça o medo de errar. Erre rápido. Aprenda rápido. Redesenhe a ação e recomece rápido.

Existem muitas lógicas e raciocínios que fundamentaram os treinamentos desses atletas, mas no instante da partida, da corrida, a decisão é tomada quase que intuitivamente, visto que não há tempo para formular todo o raciocínio. As decisões de um domador diante de um rinoceronte cinza da vida precisam ser ágeis como as desses atletas de alto desempenho, precisam ser intuitivas. E, para que sua intuição tenha mais chance de ser certeira, sua consciência precisa revisitar com frequência a visão do todo, pois é justamente isso que a intuição faz: processa uma quantidade imensa de informações do todo e, sem tempo para processamentos lógicos, oferece imediatamente uma sensação, um sentido de direção a ser seguida.

ADAPTABILIDADE/FLEXIBILIDADE

Leon Megginson, professor de Administração da Universidade de Louisiana, durante um discurso em 1963, apresentou sua interpretação da ideia central da Teoria da Evolução, elaborada por Charles Darwin no livro *A origem das espécies*. Segundo o professor Megginson, "não é o mais forte que sobrevive, nem o mais inteligente, mas o que melhor se adapta às mudanças".

As contingências externas estão mudando vertiginosamente, e é preciso tomar decisões ágeis, mudar de rota, adaptar-se progressivamente, sem ranços e resistências desnecessárias, que nos atrasam e são vestígios de uma visão de realidade ultrapassada, que não funciona mais e nos leva para a derrota. Não temos mais tempo e energia para perder com resistência às mudanças. Será necessário mudar de ideia muitas vezes, de forma intensa e com frequência.

Só não pode mudar de ideia quem não as tem. Se eu tenho uma ideia, posso transformá-la quando quiser, com leveza. Por outro lado, se é muito difícil mudar de ideia, se tenho muita resistência para incorporar um novo ponto de vista da realidade, isso significa que eu não tenho aquela ideia, ela é quem me tem. Quer dizer que eu sou escravo de um ponto de vista rígido, e isso pode ser fatal no desafio de sobreviver no caos.

Não seja resiliente, evolua. Há um modismo no discurso que prega: "Seja resiliente." Eu digo: não faça isso. O significado principal de ser resiliente é voltarmos à nossa estrutura anterior, e é exatamente isso que não podemos fazer! Precisamos evoluir, mudar. Há um uso inadequado do conceito de resiliência — ele vem sendo confundido com ser persistente, ter forças para aguentar os "trancos da vida" sem se quebrar, sem perder o rumo. Se estivéssemos em uma crise, eu até poderia concordar em ser resiliente, porque passará; ser forte não será suficiente. No entanto, isto não é uma crise. Isto é o caos! A pandemia pode até passar depois de alguns meses ou anos, mas o caos veio para ficar, e é a marca dessa nova fase da humanidade.

O mundo continuará mudando de forma intensa e rápida: atentados terroristas, bolhas no mercado financeiro, tragédias naturais, conflitos geopolíticos, pandemias. Tudo pode mudar intensamente a qualquer momento. O caos continuará evidente por muitas décadas. Ao aplicar a flexibilidade no dia a dia, exercitando seu jogo de cintura diante de cada desafio do mundo caótico atual, não tenha como horizonte a resiliência. Estabeleça no horizonte uma visão de evolução. Para isso, a grande diferença é o autoconhecimento, a clareza de seu sentido de vida. Seus projetos serão menos vulneráveis à medida que estiverem coerentes com um sentido de vida claro e maduro.

O sentido de vida é o eixo de sua espiral evolutiva. A evolução é cheia de curvas: às vezes, são transformações simples, outras vezes, são metamorfoses radicais, mas sempre demandam flexibilidade. Para que as curvas não sejam aleatórias e se transformem de fato em uma espiral evolutiva, você precisa de um eixo flexível, mas firme: a clareza de seu sentido de vida.

Não seja resiliente, evolua. Há um modismo no discurso que prega: "Seja resiliente." Eu digo: não faça isso. O significado principal de ser resiliente é voltarmos à nossa estrutura anterior, e é exatamente isso que não podemos fazer. Precisamos evoluir, mudar.
Há um uso inadequado do conceito de resiliência — ele vem sendo confundido com ser persistente, ter forças para aguentar os "trancos da vida" sem se quebrar, sem perder o rumo. Se estivéssemos em uma crise, eu até poderia concordar em ser resiliente, porque passará; ser forte não será suficiente. No entanto, isto não é uma crise. Isto é o caos! A pandemia pode até passar depois de alguns meses ou anos, mas o caos veio para ficar, é a marca dessa nova fase da humanidade.

Sem esse eixo, você é como uma "presa" fazendo curvas desorientadas para fugir do predador. O tempo jogará contra você. Uma hora o cansaço será mais forte, e você não sobreviverá. Buscar resiliência o levará a uma trajetória de presa, que, mais cedo ou mais tarde, cansa e é derrotada.

Um sentido de vida claro, explícito, permitirá a você sempre criar e atualizar um plano. Assim, o tempo jogará a seu favor em uma espiral de evolução. As habilidades, os recursos e as possibilidades de escolha aumentarão progressivamente. Você estará cada vez mais perto da realização de seus sonhos, da sua plenitude. Ao optar por esse caminho, você será como uma "presa" mais capaz de encontrar uma saída para seu problema. Ao fugir do predador, essa "presa mais inteligente" faz curvas conscientes de um destino redentor, um lugar em que ela estará segura. Faz todas as curvas necessárias para confundir o predador, mas se mantém bem orientada, aproximando-se do destino desejado. O tempo contará a seu favor.

Você poderá dominar tudo o que hoje se apresenta como um predador, como um rinoceronte cinza pronto para esmagá-lo. Poderá aprender que não precisa de que "a crise passe" para ser feliz. Poderá ter sucesso independentemente de o ambiente externo ser organizado ou caótico, de promoção do crescimento econômico ou de recessão e se as ações governamentais sopram a favor ou contra seu veleiro. Poderá se tornar menos vulnerável, mais livre para criar seu caminho.

Essa capacidade de não perder energia resistindo às muitas mudanças necessárias é o que chamo de adaptabilidade ou flexibilidade. É uma habilidade fundamental para domar um rinoceronte cinza.

Recentemente, um amigo me contou que ensinou sua filha de 10 anos a focar a solução de problemas quando pediu que guardasse em uma mala tudo o que pertencia a ela e que ele já havia

Um sentido de vida claro, explícito, permitirá a você sempre criar e atualizar um plano. Assim, o tempo jogará a seu favor em uma espiral da evolução. As habilidades, os recursos e as possibilidades de escolha aumentarão progressivamente. Você estará cada vez mais perto da realização de seus sonhos, da sua plenitude. Ao optar por esse caminho, você será como uma "presa" mais capaz de encontrar uma saída para se problema. Ao fugir do predador, essa "presa mais inteligente" faz curvas conscientes de um destino redentor, um lugar em que ela estará segura. Faz todas as curvas necessárias para confundir o predador, mas se mantém bem orientada, aproximando-se do destino desejado. O tempo contará a seu favor.

colocado em cima da cama. Ela guardou quase tudo, mas faltaram dois pares de sapato, uma caixa média com um jogo e uma caixa pequena com as bijuterias e outros acessórios, que aparentemente não cabiam na mala. A menina logo disse:

— Pai, acabei, mas não couberam essas coisas aqui.

Realmente parecia não haver mais nenhum espaço na mala.

— Será mesmo, filha? Tente mais um pouco, encontre uma solução — respondeu o pai.

Ele estava muito ocupado, visto que precisava terminar um trabalho antes de saírem e, por isso, não poderia parar o que estava fazendo para resolver aquele problema para a filha. Após trinta minutos, quando o pai foi conferir o resultado da tarefa dada, ela já havia reorganizado os itens de modo que abriu um espaço no canto da mala onde conseguiu colocar os dois pares de calçados. A menina também descobriu um compartimento externo na mala em que couberam as duas caixas. Faltava apenas um pouco mais de força para fechar o zíper da mala, o que o pai resolveu em um instante. Qualquer pessoa com foco no problema teria aceitado que a mala estava mesmo cheia desde o início e que aqueles itens não caberiam, como parecia em um primeiro olhar. Entretanto, a capacidade de sustentar o foco na solução cria as condições para que as outras habilidades se manifestem: flexibilidade, criatividade, visão do todo e agilidade na tomada de decisões. Observar o condicionamento de nossa mente nos pequenos desafios cotidianos é um ótimo caminho para treinar nosso *mindset*!

E os Andreozzi, nossos exemplares domadores de rinocerontes, como usaram essas habilidades?

Letícia, no auge de sua crise profissional, ouviu como seu filho de 10 anos resolveu com simplicidade o problema — que antes parecia complicado — das ameaças do vizinho do apartamento de baixo. Em vez de negar a importância daquela situação paralela

Essa capacidade de não perder energia resistindo às muitas mudanças necessárias é o que chamo de adaptabilidade ou flexibilidade. É uma habilidade fundamental para domar um rinoceronte cinza.

e focar o grande problema sem solução da eminente falência da empresa, ela usou a *visão do todo* e sua *flexibilidade* para brincar com seu filho por algumas horas, observando a sabedoria e a criatividade do menino. Após colocar o filho para dormir, ela já estava com outra configuração mental, sustentada por outras emoções, mais arejadas, e tomou a *ágil decisão* de ligar para o Sr. Magalhães e se desculpar. Rapidamente voltaram a estabelecer uma sintonia de trabalho com *foco na solução* do desafio da empresa. Letícia também levou sua *criatividade* ao limite e além quando, no meio da madrugada, resgatou em sua memória uma conversa despretensiosa que havia tido com Jonas, seu estagiário, sobre a empresa Sanis (do pai dele), que precisava ampliar a cozinha industrial. Além de visualizar, como possível solução, a adaptação dos processos produtivos de sua empresa para viabilizar uma parceria com a Sanis, Letícia desenhou cenários e criou quatro estratégias inovadoras para o que chamou de Comitê do Caos — que nada mais é que a forma de uma empresa aplicar as habilidades e os princípios dos domadores de rinocerontes no ambiente de gestão empresarial

Nosso domador, Dr. Vítor Andreozzi, também utilizou suas habilidades. Após o filho salvar seu computador e ainda demonstrar como poderia ser fácil fazer aquelas formatações nos slides de suas aulas, Vítor atravessou a negação, assumiu a *visão do todo* e se enxergou deprimido. Tomou uma *decisão ágil* de começar as terapias psiquiátrica e psicológica. Com *foco nas soluções,* fez um acordo *criativo* com o filho, contando com a ajuda do menino para conseguir finalizar as adequações de suas aulas para o formato online. Escolheu *adaptar-se* reconhecendo uma nova identidade, um homem com um transtorno que deveria ser cuidado para não o levar às insanidades das alturas eufóricas e dos abismos depressivos. Nessa adaptação, reencontrou a sintonia com sua companheira de vida, sua esposa, e o casamento se revitalizou.

A deputada Michele também foi muito *ágil na decisão* de aceitar a ajuda de Juliana, se retratar pelo comportamento anterior com ela e, em seguida, continuar a resposta pública ao seu adversário político de forma tão rápida e bem-preparada, que o lapso causado pela demência não foi notado. Em seguida, *adaptou-se* à sua nova condição, planejando de forma *criativa*, junto com sua assessora Juliana, os procedimentos necessários para que ela continuasse desempenhando bem suas funções até o fim do mandato. Por fim, ativando sua *visão do todo* e com *foco em criar solução,* reinventou seu sentido de atuação profissional, voltando-se para uma nova carreira: a de escritora.

E Michel, tão talentoso como domador de rinocerontes, parece até que já nasceu com algumas das habilidades desenvolvidas. O menino superou a preocupação e o pânico de considerar a morte da avó. Ao não conseguir evitar a perigosa visita à avó, *adaptou-se* e *foi flexível* ao aceitar ir vê-la. Na casa da vovó Michele, o menino tomou uma *ágil decisão* ao escolher perguntar diretamente para a avó o significado da palavra desconhecida que o assombrava. Com *foco na solução*, entendeu rapidamente que a doença de sua avó não causava um risco iminente de morte. Que alívio! Parece que vovó não morreria. Será? Nesse ponto do diálogo, Michel estava com a *visão do todo* bastante disponível para compreender o que sua avó estava ensinando sobre a importância da morte e o sentido da vida. E foi, ainda, *criativo* ao concluir dizendo que, com aquela explicação, a morte havia ficado tão bonita quanto o nascimento.

Distanciamento, criatividade, foco, agilidade e adaptabilidade na tomada de decisão são as cinco habilidades fundamentais. Treine-as. Elas são essenciais para qualquer líder do futuro — para qualquer domador de rinocerontes na Era do Caos.

Hoje, sua capacidade de tomar decisões está muito mais vinculada à potência de suas perguntas que à consistência de suas respostas. Habitue-se a responder a questões fundamentais com frequência.

Experimentar caminhos e errar não é um problema, não diminui sua capacidade de gerir sua carreira e ser feliz. Pelo contrário, aumenta seu conhecimento sobre os caminhos que pode ou não seguir. Ficar persistindo, sendo "resiliente", forçando as mesmas respostas pode, sim, ser um grande problema. Seria como insistir em acelerar diante de um muro.

Distanciamento, criatividade, foco, agilidade e adaptabilidade na tomada de decisão são as cinco habilidades fundamentais. Treine-as. Elas são essenciais para qualquer líder do futuro — para qualquer domador de rinocerontes na Era do Caos!

CAPÍTULO 8

DOMADOR DE RINOCERONTES: METODOLOGIA

DOMADOR DE RINOCERONTES: METODOLOGIA

Depois de aprender sobre os fundamentos e as habilidades dos domadores de rinocerontes, você pode estar pensando: "Certo, mas como me tornar um domador? Entendi bem o mundo do futuro, que já é hoje, a consolidação da Era do Caos, esse aspecto pós-digital, e vejo rinocerontes cinzas em minha vida. Entendi que devo desenvolver as cinco habilidades: foco na resolução de problemas, criatividade, adaptabilidade, distanciamento e agilidade na tomada de decisão. Mas eu ainda não tenho essas habilidades todas desenvolvidas, e o rinoceronte está na minha sala! Como posso me tornar um domador? Agora parece que é melhor eu sair correndo daqui."

Caso você esteja pensando algo assim, respire fundo. Este capítulo é justamente para conversarmos com mais clareza sobre como encarar desde já o rinoceronte, começar a domá-lo e a desenvolver cada vez mais as cinco habilidades. Vamos lá! Não é um passo a passo, uma receita de bolo, um método... Este capítulo busca ser uma metodologia, uma descrição mais clara de aspectos do caminho singular e original que você pode criar para se tornar um domador de rinocerontes na Era do Caos, de acordo com seu estilo de vida, com sua forma única de se reinventar.

Uma ótima inspiração inicial são os domadores de animais selvagens que vemos nos circos. O que eles têm a nos ensinar? Muito! Aride Alves, mais conhecido por Maluco, é uma lenda no mundo circense, sendo capaz de entrar desarmado em uma jaula com doze leões e fazê-los se comportar como gatinhos. Em uma bela matéria da jornalista Ariane Abdallah para a revista *Época Negócios*, Maluco nos conta mais de sua metodologia de domador de feras. Algumas frases de Maluco orientam bem os aspectos da metodologia para domadores de rinocerontes da Era do Caos.

"Um aspirante a domador terá de se convencer de que é mais forte do que um animal que tem quatro vezes o seu peso e uma natureza selvagem."

É preciso acreditar em sua força. Não adianta fingir, acreditar é fundamental. Então, será preciso que você reconheça o que é real em suas forças. Quais forças realmente estão disponíveis?

Em que momentos você teve de se adaptar e ser flexível? Lembre-se deles. O que sentiu e pensou nessas situações? Como resolveu a necessidade de se adaptar? Essa é uma habilidade forte em você hoje? Em que áreas de sua vida atual você pode treinar com segurança para ser mais flexível? Vítor Andreozzi, por exemplo, exercitou a flexibilidade separando um tempo da semana para aprender com seu filho Michel como formatar suas apresentações.

Aride Alves, mais conhecido por Maluco, é uma lenda no mundo circense, sendo capaz de entrar desarmado em uma jaula com doze leões e fazê-los se comportar como gatinhos. Em uma bela matéria da jornalista Ariane Abdallah para a revista *Época Negócios*, Maluco nos conta mais de sua metodologia de domador de feras. Algumas frases de Maluco orientam bem os aspectos da metodologia para domadores de rinocerontes da Era do Caos.

"Um aspirante a domador terá de se convencer de que é mais forte do que um animal que tem quatro vezes o seu peso e uma natureza selvagem."

É preciso acreditar em sua força. Não adianta fingir, acreditar é fundamental. Então, será preciso que você reconheça o que é real em suas forças. Quais forças realmente estão disponíveis?

Em que momentos você teve de se adaptar e ser flexível? Lembre-se deles. O que sentiu e pensou nessas situações? Como resolveu a necessidade de se adaptar? Essa é uma habilidade forte em você hoje? Em que áreas de sua vida atual você pode treinar com segurança para ser mais flexível?

Letícia aplicou a flexibilidade dividindo algumas tarefas domésticas com o marido e o filho, deixando que eles proponham outras formas de funcionamento para as tarefas da casa. Michele criou uma forma de deixar lembretes para si mesma ao longo do dia para coisas que não quer esquecer de forma nenhuma.

E sobre a criatividade? Em quais momentos você teve de improvisar e, usando todos os recursos disponíveis, criou uma alternativa original e potente para enfrentar uma situação desafiadora? Lembre-se deles. O que você sentiu e pensou nessas situações? Ser criativo é uma habilidade fraca ou forte em você hoje? Em que áreas da vida atual você pode treinar com segurança para ser mais criativo? Michele Andreozzi pôde treinar sua criatividade praticando atividades que havia aprendido em outras fases da vida e que foram abandonadas — mas são recursos acumulados na trajetória de sua vida: além de escrever bem e poder se tornar escritora, ela sempre gostou de inventar receitas de bolo (trabalhou em uma confeitaria na adolescência, seu primeiro emprego) e de jogar tênis (jogava com frequência muito tempo atrás).

E com o distanciamento, visão do todo? Que situação do dia a dia está incomodando você agora? Exercite expandir sua visão para enxergar de forma panorâmica não apenas essa situação, mas também um contexto muito mais amplo sobre sua vida toda. Como se você pudesse sobrevoar o problema e conseguisse vê-lo do alto, inserido em todo o ambiente que o cerca; como se visualizasse o cenário completo!

E volte. Volte a encarar a situação que o incomoda. Letícia Andreozzi faz esse exercício sempre que pensa que pode fracassar diante do desafio de salvar a empresa que herdou do pai, o que, para ela, seria como perder um pedaço do corpo ou seu sentido de vida. Ela expande a visão sobre sua vida, incluindo outras áreas, e volta com mais clareza e menos drama sobre qual é o tamanho real da empresa em seu sentido existencial.

E sobre a criatividade? Em quais momentos você teve de improvisar e, usando todos os recursos disponíveis, criou uma alternativa original e potente para enfrentar uma situação desafiadora? Lembre-se deles. O que você sentiu e pensou nessas situações? Ser criativo é uma habilidade fraca ou forte em você hoje? Em que áreas da vida atual você pode treinar com segurança para ser mais criativo?

E com o distanciamento, visão do todo? Que situação do dia a dia está incomodando você agora? Exercite expandir sua visão para enxergar de forma panorâmica não apenas essa situação, mas também um contexto muito mais amplo sobre sua vida toda. Como se você pudesse sobrevoar o problema e conseguisse vê-lo do alto, inserido em todo o ambiente que o cerca; como se visualizasse o cenário completo!

Em que situações você tomou uma decisão com agilidade? Vítor, certa vez, em um milésimo de segundo, com uma manobra evitou um acidente que poderia ter causado a morte de um ciclista que estava no acostamento, de um cachorro que atravessava a pista e das pessoas que estavam em outro carro, vindo no sentido oposto. Já Letícia, dois anos antes dos acontecimentos narrados neste livro, tomou uma decisão rápida quando Michel foi picado por uma cobra na fazenda enquanto os dois passeavam pelo pasto a cavalo: ela correu até a estrada, parou um automóvel qualquer e foi direto para o hospital da cidade, em vez de retornar até a sede da fazenda e pegar o próprio carro, o que demoraria mais tempo e poderia comprometer a cura do filho. Você se lembra de alguma situação assim em que foi capaz de tomar uma decisão com agilidade? Sim? Não? Como você se sentiu em situações que o desafiaram nesse aspecto? Em que áreas da vida você pode treinar com segurança a habilidade de tomar decisões rapidamente?

E em relação ao foco na resolução de problemas? Qual a sua força real? Em que momentos você desejou muito conquistar algo e se manteve focado naquele objetivo, superando qualquer problema ou dificuldade que surgia no caminho? Vítor Andreozzi, por exemplo, precisou de muito foco para passar no vestibular para ingressar no curso de Medicina. Michele também usou esse recurso para vencer sua primeira campanha eleitoral. Letícia e Vítor, cada um à sua maneira, precisaram de muito foco para se transformar e, muitas vezes, perseverar na vontade de permanecerem juntos como um casal, desde as fases iniciais do namoro.

Como Maluco — o domador de feras — nos ensina, é fundamental acreditar na própria força para domar o rinoceronte selvagem e poderoso que a Era do Caos trouxe para nossas salas. Acreditar começa assim: reconhecendo as forças que você realmente tem e as que faltam em você. Em seguida, é preciso treinar e desenvolver as forças (habilidades, conhecimentos) que faltam e seguir

Você se lembra de alguma situação assim em que foi capaz de tomar uma decisão com agilidade? Sim? Não? Como você se sentiu em situações que o desafiaram nesse aspecto? Em que áreas da vida você pode treinar com segurança a habilidade de tomar decisões rapidamente?

E em relação ao foco na resolução de problemas? Qual a sua força real? Em que momentos você desejou muito conquistar algo e se manteve focado naquele objetivo, superando qualquer problema ou dificuldade que surgia no caminho?

cada vez mais confiante em suas habilidades reais. É um caminho prático. Comece a experimentar essas habilidades em situações reais. Crie sua própria rotina de treinamento dessas habilidades.

Use o Quadro de Treinamento de Habilidades para manter uma visão clara de sua força atual e de sua evolução, e atualize-o com a frequência que fizer mais sentido para você (não menos que duas semanas, e não mais que quatro).

Na coluna "Score", atribua quanto você domina cada habilidade, sendo 0 a nota mínima e 5 a nota máxima. Na coluna "Prioridade", atribua a ordem em que você deve desenvolver cada habilidade. A habilidade que demanda mais esforço e desenvolvimento deve ser a número 1, e a que precisa de menos esforço deve ser a número 5. Na coluna "Exercício de treinamento", especifique quais estratégias você utilizará para desenvolver cada habilidade.

Como Maluco — o domador de feras — nos ensina, é fundamental acreditar na própria força para domar o rinoceronte selvagem e poderoso que a Era do Caos trouxe para nossas salas. Acreditar começa assim: reconhecendo as forças que você realmente tem e as que faltam em você. Em seguida, é preciso treinar e desenvolver as forças (habilidades, conhecimentos) que faltam e seguir cada vez mais confiante em suas habilidades reais. É um caminho prático. Comece a experimentar essas habilidades em situações reais. Crie sua própria rotina de treinamento dessas habilidades.

EXERCÍCIO 3: QUADRO DE TREINAMENTO DE HABILIDADES

Habilidade	Score atual (0 a 5)	Prioridade (1 a 5)	Exercício de treinamento
Distanciamento			
Criatividade			
Foco			
Agilidade na decisão			
Adaptabilidade/flexibilidade			

EXEMPLO: QUADRO DE TREINAMENTO DE HABILIDADES (PREENCHIDO)

Habilidade	Score atual (0 a 5)	Prioridade (1 a 5)	Exercício de treinamento
Distanciamento	4	3	Identificar uma pessoa de confiança e um tema no qual vocês tenham pontos de vistas diferentes. Dedicar algumas horas de diálogo aberto até entender as razões do outro lado. (Não precisa concordar, e tome cuidado para não julgá-lo. Julgar não é entender. Entender é se distanciar de sua posição e seus conceitos e se colocar na posição do interlocutor.)
Criatividade	1	1	Fazer algo que nunca pensou que faria: uma aula gratuita inaugural de dança urbana.
Foco na solução	5	4	Listar três pequenos problemas domésticos atuais, identificar suas soluções e executá-las.
Agilidade na decisão	5	4	Listar 5 decisões grandes ou pequenas que estão pendentes e tomar as 5 decisões em 25 minutos.
Adaptabilidade/flexibilidade	2	2	Mudar um hábito: mudar os lugares onde guardo minha carteira, minhas chaves e meus óculos.

> *"Existem feras indomáveis.
> É preciso reconhecê-las."*

Maluco, o domador circense de animais, nos ensina que, mesmo reconhecendo nossa força real, é preciso reconhecer que existem feras indomáveis. Da mesma forma, diante da Era do Caos, nos depararemos com rinocerontes indomáveis, eventos cuja agressividade está além de nossa capacidade como domador. Nesses casos, é preciso reconhecer os próprios limites e não tentar domar o indomável. Seja fugindo ou contornando esse rinoceronte, o fundamental é mudar de rota, respeitando a força selvagem à sua frente.

Um ótimo exemplo de rinoceronte indomável é a possibilidade da morte. Quando Michel se deparou com a confusão e o pânico ao cogitar a possibilidade da morte da avó, ele estava diante de uma fera indomável. Não é possível resolver a perda de um ente querido. Nesse caso, o melhor é agir como o garoto: ele aceitou... Aceitou o fato de que todos nós podemos morrer a qualquer momento. Michel encontrou uma beleza inesperada na morte, no limite que ela impõe à vida, valorizando tudo o que é vivido nesse limitado tempo. Trata-se de uma postura de alguém que respeita uma *fera indomável*, em vez de insistir na insanidade de tentar domá-la.

Muito diferente do problema econômico da Sol Foods. Apesar de imensamente danoso e agressivo, esse rinoceronte podia ser domado, o problema poderia ser resolvido, assim como Letícia o fez — com foco, criatividade, adaptabilidade, distanciamento e agilidade. Portanto, a arte de se tornar um domador de rinocerontes passa por desenvolver a sabedoria de discernir os perigos que podem ser resolvidos e os que podem apenas ser contornados.

Portanto, a arte de se tornar um domador de rinocerontes passa por desenvolver a sabedoria de discernir os perigos que podem ser resolvidos e os que podem apenas ser contornados.

Características fundamentais de um problema indomável:
- Evolui de forma extremamente rápida.
- Impacta diretamente um número imenso de pessoas.
- Pode causar danos extremos, os quais muitas vezes resultam em iminente risco de morte.
- É muito imprevisível.

"Respeite o tempo de cada um."

Maluco também destaca a importância de respeitar o tempo de cada fera para poder domá-la. Os domadores de rinocerontes da Era do Caos também precisam respeitar as dinâmicas dos diferentes tipos de rinoceronte. Para essa avaliação, primeiro devemos separá-los em dois grandes grupos: os indomáveis e os domáveis. Já apresentamos o que são os rinocerontes indomáveis. Agora, os rinocerontes domáveis podem ser divididos em subtipos por meio de uma análise combinatória de quatro fatores: velocidade, tamanho, agressividade e imprevisibilidade.

Rinocerontes velozes são os problemas que evoluem rapidamente, exigindo uma sequência de reações/ações aceleradas do domador. Por exemplo, uma doença terminal é um problema veloz, pois altera as condições básicas da vida do domador progressivamente, culminando na morte em um curto prazo. A morte é um rinoceronte indomável para todos nós. Ainda assim, o diagnóstico de uma doença terminal impõe um rinoceronte domável e veloz na sala do domador: "Como aproveitar minhas últimas semanas de vida?" Por outro lado, um exemplo de rinoceronte lento pode ser, por exemplo, a frustração com a carreira. Constatar que sua atuação profissional não faz mais sentido é um problema impactante, mas não é veloz, você tem tempo para agir/reagir a esse problema que reconheceu.

Rinocerontes imensos são os que impactam diretamente um número muito grande de pessoas. Por exemplo: aquecimento global, pandemia, guerra, crise macroeconômica. Por outro lado, rinocerontes pequenos são aqueles que afetam diretamente poucas pessoas. Constatar a frustração com a atividade profissional, além de ser exemplo de um rinoceronte lento, é exemplo de um rinoceronte pequeno, visto que afeta diretamente apenas o próprio domador.

Os rinocerontes domáveis podem ser divididos em subtipos por meio de uma análise combinatória de quatro fatores: velocidade, tamanho, agressividade e imprevisibilidade.

Rinocerontes agressivos são os que podem causar danos extremos. O diagnóstico de doença terminal, além de ser um exemplo de um rinoceronte veloz, é um bom exemplo de um rinoceronte agressivo. Trata-se de um problema nocivo. O dano iminente é o colapso total do organismo do domador: a morte. Uma pandemia pode ser um rinoceronte agressivo para aqueles que foram levados à falência. Entretanto, para outros, que até lucraram com os efeitos da pandemia e não correram muitos riscos de saúde, é um rinoceronte pouco agressivo.

Rinocerontes imprevisíveis são aquelas situações com dinâmicas ocultas, das quais o domador não consegue entender razoavelmente bem a lógica. São feras que podem atacar a qualquer momento ou permanecer quietas por muito tempo, daí o nome de imprevisíveis, porque não entendemos seu *modus operandi*. O aquecimento global é um bom exemplo de rinoceronte imprevisível. Por mais que milhares de cientistas supercompetentes estudem as mudanças climáticas, o grau de imprevisibilidade dos efeitos mais nocivos é ainda muito alto. Por exemplo, as chuvas torrenciais que abalaram o Timor Leste em abril de 2021, causando enchentes, desabamentos, destruição de estradas, desalojamentos e mortes — eventos muito difíceis de se prever.

No final deste capítulo, será apresentada uma ferramenta prática para você avaliar cada problema, de acordo com seu ponto vista, antes de decidir domá-lo. A ferramenta é o diagrama RINO-DOMA.

Domar o rinoceronte é aproveitar a energia do acontecimento que está incomodando você e utilizá-la em seu movimento de inovação pessoal. Portanto, diante de um problema, analise primeiro se é uma fera indomável. Caso não seja, cheque a velocidade em que se desenvolve, a quantidade de pessoas diretamente impactadas, sua nocividade e o grau de imprevisibilidade. Assim, você poderá avaliar um problema como se fosse uma fera a ser domada: "É veloz?" "É grande?" "É agressivo?" "É imprevisível?"

Em seguida, como domador, o desafio será adaptar suas ações diante desse *rinoceronte* da Era do Caos que está diante de você, respeitando as dinâmicas específicas de cada um desses acontecimentos/problemas a serem domados.

"Não subestime a força da fera."

Maluco continua explicando que os domadores mais experientes, às vezes, começam a se inebriar com o poder de dominar uma fera e, em algum momento, acabam subestimando o aspecto selvagem do animal. Há um grande risco nesse momento. Quando você começar a sentir repetidamente a satisfação de domar *rinocerontes da Era do Caos*, aproveitando a energia desses acontecimentos perturbadores para fomentar as inovações pessoais desejadas, cuidado! Não se deixe enganar por esse novo poder. Sempre respeite a força do rinoceronte diante de você.

"A importância de não perder o foco."

Outro célebre domador, Clyde Beatty, demonstra a importância do foco na arte de domar feras. Clyde nasceu em 1903, na cidade de Bainbridge, Ohio, Estados Unidos. Como o mais velho de nove irmãos, durante sua adolescência, Beatty procurava ajudar sua mãe e aceitava toda oferta de emprego que conseguia encontrar. Entre elas, aceitou o trabalho de lavar jaulas de animais no circo Howes Great London. Nos anos seguintes, prosperou no ambiente circense até se tornar um dos maiores domadores de leões da história. Beatty ficou famoso por colocar grupos de até quarenta animais — incluindo leões, tigres, pumas e hienas — em uma única cela e, ao mesmo tempo, domar todo o grupo.

Respeite a fera. Não se inebrie com o seu poder de domador.

Para conseguir domá-los, Clyde Beatty utilizava apenas dois instrumentos: um chicote e uma cadeira.

Um leão pode facilmente dominar e matar uma pessoa. Contudo, ele só conseguirá fazer isso se concentrar toda a sua atenção na imagem da pessoa que se encontra à sua frente. Beatty aprendeu isso logo cedo e utilizava a cadeira como um método para distrair os leões.

O truque é o seguinte: quando um domador confronta o leão com as quatro pernas de uma cadeira, o normal é que o animal congele e fique inseguro sobre o que deve fazer em seguida. O cérebro de um leão não está programado para processar quatro pontos focais ao mesmo tempo. Em outras palavras, quando o leão é confrontado com diversas opções, a fera fica confusa e não sabe direito o que deve ser feito, e, por isso, prefere manter a cautela e não atacar o domador.

Ao enfrentar o desafio de domar um acontecimento grande e de alto impacto da Era do Caos, você precisará ser capaz de manter mais foco e persistência do que o rinoceronte à sua frente. Perceba que o rinoceronte está vindo em sua direção. E, sim, ele atropelará você, mas o rinoceronte não está focado em você! Movimente-se, saia da frente e permaneça focado em encontrar uma forma de aproveitar essa imensa energia que está atravessando sua vida.

O melhor exemplo para esse princípio de manter o foco e se manter em movimento para que o rinoceronte não o atropele é a situação de desemprego. Consideremos que, durante uma crise macroeconômica mundial, você perca o emprego. A crise econômica não estava direcionada especificamente para você. Simplesmente você estava no caminho, e ela o atropelou. Bom, nesse caso, é muito importante manter o foco (encontrar um novo emprego ou atividade produtiva autônoma alinhado com seu sentido de vida), sem se esquecer da importância de se manter em movimento (se necessário, criar ocupações imediatas temporárias e mais factíveis para gerar renda).

> *"Ser como a fera para enxergar como ela funciona."*

Além dos circenses, outros domadores nos revelam a importância de se tornar a fera a ser domada para enxergá-la verdadeiramente: entender como ela funciona, compreender e falar sua linguagem.

A autora do livro *What You Should Know about Sharks* ("O que você deveria saber sobre tubarões", em tradução livre), Ocean Ramsey, está acostumada a nadar com tubarões-brancos. O livro fornece informações inéditas sobre a linguagem corporal dos tubarões e seu comportamento social. Sem qualquer proteção, ela se agarra às barbatanas deles e pega carona no mergulho. Ramsey vive no Havaí e já mergulhou com 47 espécies de tubarões ao redor do mundo.

Marlice van Vuuren conseguiu a mesma façanha com outras feras: os guepardos, na Namíbia. Para grande surpresa dos visitantes do santuário da vida selvagem Na'na ku sê, Marlice sabe exatamente o que fazer quando está cercada por guepardos: ela finge estar com medo e, quando os animais se aproximam, começa a rir, o que os deixa confusos, para então servir pedaços de carne crua.

Outro caso fenomenal é o de Tippi Degré, uma espécie de Mogli da vida real. Tippi nasceu em Windhoek, Namíbia, em junho de 1990, filha de pais fotógrafos e cineastas da vida selvagem. Ela viveu na selva africana durante os primeiros treze anos de sua vida, e seus pais a incentivavam a desenvolver esse contato íntimo com a natureza selvagem. Durante a infância na Namíbia, Degré fez amizade com animais entre os quais viveu, incluindo um elefante de 28 anos (Abu), um leopardo apelidado de J&B, leões, girafas, um mangusto-bandado, um avestruz, suricatos, uma chita, um lince-do-deserto e cobras.

Ao enfrentar o desafio de domar um acontecimento grande e de alto impacto da Era do Caos, você precisará ser capaz de manter mais foco e persistência do que o rinoceronte à sua frente. Perceba que o rinoceronte está vindo em sua direção e, sim, ele atropelará você, mas o rinoceronte não está focado em você! Movimente-se, saia da frente e permaneça focado em encontrar uma forma de aproveitar essa imensa energia que está atravessando sua vida.

Seguindo o princípio de enxergar verdadeiramente a fera selvagem para compreender e falar sua linguagem, podemos citar o treinador de animais canadense que domou uma ursa-polar e fez dela um animal de estimação; ou o polêmico Kevin Richardson, conhecido como *Lion Whisperer* (o encantador de leões); ou ainda o alemão Werner Freund, o homem que vive com lobos.

O canadense Dumas cuida da ursa-polar Agee desde quando ela era filhote. Hoje ela pesa 360 quilos e é muito ciumenta: não deixa ninguém chegar perto de Dumas, exceto sua esposa. Já Richardson dormiu ao lado de leões, alimentou-se e viveu com eles. Ele também trabalhou com chitas, leopardos e hienas. Segundo ele, "um leão não é uma posse; é um ser senciente,* então você deve prestar atenção e desenvolver seu vínculo como em qualquer relacionamento".

O ex-paraquedista Werner Freund deixou a carreira militar para trabalhar no zoológico de Stuttgart, na Alemanha, onde se tornou responsável por cuidar de lobos — com os quais criou um vínculo especial. Freund gostava tanto dos lobos que pediu ao prefeito de Stuttgart apoio financeiro para criar uma área de reserva para eles. Seu pedido foi atendido, e, em 1972, ele inaugurou o Wolfspark Werner Freund. "Eu tinha de me tornar um lobo para criar vínculos com eles. Essa é a única maneira de ganhar a confiança deles", garante Freund. Com isso em mente, o ex-militar vive entre os animais, se comunica com eles por meio de uivos e até participa das refeições.

Ramsey com os tubarões, Marlice com os guepardos, Tippi com seus amigos selvagens, Dumas com a ursa-polar Agee, Richardson com seus leões e Freund com os lobos. O que essas experiências podem nos ensinar?

---

* Capaz de sentir ou perceber pelos sentidos.

No percurso para nos tornarmos os líderes que o futuro demanda, esses domadores de feras nos inspiram a descobrir o mais potente caminho para nos tornarmos um domador de rinocerontes: enxergar como os rinocerontes da Era do Caos funcionam!

Será preciso que você se reconheça como um rinoceronte para entender sua linguagem e interagir com os rinocerontes cinzas que estão em sua sala.

Mas como? Em nosso caso, os rinocerontes são os acontecimentos que atrapalham nossa vida na Era do Caos. Essa é a nossa fera. Para domá-la ou conviver com ela sem ser atacado, precisamos experimentar como é possível sermos como nossa fera, como nossos problemas, como os acontecimentos que têm potencial para impactar nossa vida. Werner Freund chega a ficar de quatro e abocanhar pedaços de carne crua com seus amigos lobos para experimentar ser como eles e entender como funcionam. E você, líder do futuro (que é agora)? Está pronto para ser como os acontecimentos que pretende domar? Abra os olhos e veja: você também é um acontecimento grande de alto impacto da Era do Caos!

Aqui não se trata de aplicar esse princípio (ser como a fera) a um problema específico para ajudar a achar a solução. Trata-se de fazer um exercício de autoconhecimento. Reconhecer como sua existência, assim como o aquecimento global ou uma guerra mundial, é também um evento singular da história do universo. E esse evento que você é também tem o potencial de gerar impactos imensos no mundo.

Você, sua existência singular e única, é fruto de um cruzamento imenso e caótico de uma miríade de possibilidades e acontecimentos naturais e históricos. E o que você fará com o tempo de vida que tem em suas mãos é infinitamente impactante. Sua capacidade de criar algo novo com tudo que está disponível, de escolher um foco, de se adaptar às circunstâncias do caminho,

No percurso para nos tornarmos os líderes que o futuro demanda, esses domadores de feras nos inspiram a descobrir o mais potente caminho para nos tornarmos um domador de rinocerontes: enxergar como os rinocerontes da Era do Caos funcionam.

Será preciso que você se reconheça como um rinoceronte para entender sua linguagem e interagir com os rinocerontes cinzas que estão em sua sala.

de manter uma compreensão panorâmica do sentido de tudo e de tomar decisões ágeis, essa é sua grande potência!

Dinamizar sua potência fará de você um habilidoso líder na Era do Caos — um fenomenal domador de rinocerontes. Como dinamizar essa potência?

O *ponto de partida* é enxergar como a fera funciona: isso significa **nomear o problema**. Sim, tomar o tempo e os recursos necessários para simplesmente escrever o nome do problema. Em um papel ou em um arquivo do computador ou do smartphone, escreva o problema. Colocar o problema em palavras é fundamental para enxergá-lo, em vez de ser atropelado por ele.

Ao nomear a fera que o ameaça, você será capaz de entender como ela funciona. Seu cérebro deixará de querer "protegê-lo" por achar que você está diante do desconhecido, diante de um perigo. O medo e a sensação de insegurança serão diminuídos, ou, às vezes, nem existirão.

Esse é o passo inicial, transformador, que cria as condições para você usar as habilidades e a mentalidade do domador de rinocerontes.

Criei o fluxograma a seguir para orientá-lo de forma prática sobre como dinamizar o potencial de se tornar um *domador de rinocerontes* da Era do Caos, sintetizando as ideias que já apresentamos até aqui.

Resumidamente, temos três etapas distintas: a primeira seria a de *nomear o problema*; a segunda, seria a sequência das habilidades envolvidas na resolução de um problema, a ação do *domador de rinocerontes*; e a terceira é onde temos o *aprendizado* adquirido dessa experiência e a resolução do desafio.

Você também é um acontecimento grande de alto impacto da Era do Caos!

DIAGRAMA RINO — DOMA

A chave do sucesso em aplicar o fluxo dos Domadores de Rinocerontes está no primeiro passo: enxergar, reconhecer, nomear e entender o rinoceronte, ou seja, o problema em si. Para ajudá-lo, criei o diagrama RINO — DOMA.

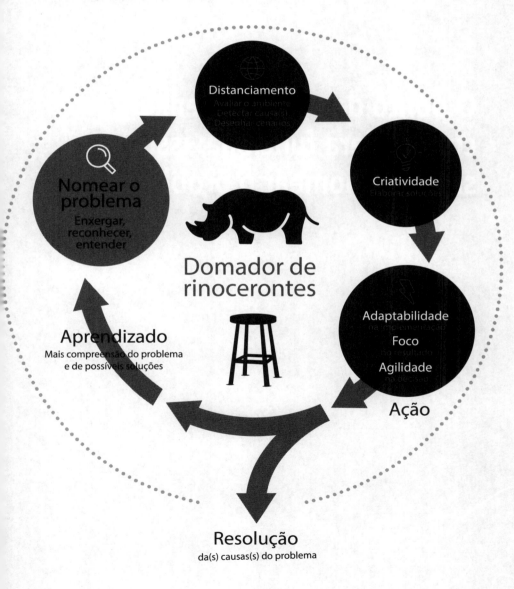

O ponto de partida é enxergar como a fera funciona: isso significa nomear o problema.

PARA AVALIAR O RINOCERONTE À SUA FRENTE, PONTUE:

- **Rápido?** Esse problema cresce rapidamente? Para isso, 5 é o valor máximo, para problemas que crescem de forma extremamente rápida, e 0 é o valor mínimo. Marque o valor no eixo R.

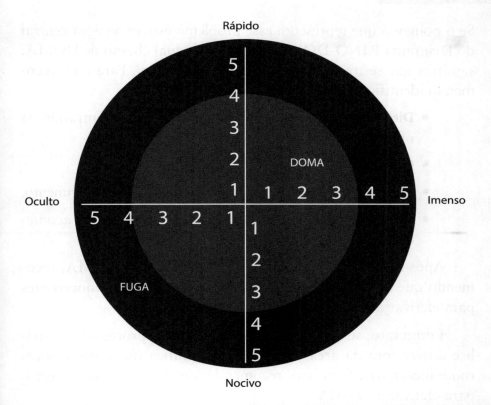

- **Imenso?** Esse problema é imenso? Para isso, 5 é o valor máximo, para problemas que impactam uma quantidade imensa de pessoas, e 0 é o valor mínimo, para problemas que afetam apenas a mim. Marque o valor no eixo I.

- **Nocivo?** Esse problema é nocivo? Para isso, 5 é o valor máximo, para problemas que causam um dano extremo, e 0 é o valor mínimo. Marque o valor no eixo N.

- **Oculto?** Esse problema é oculto? Para isso, 5 é o valor máximo, para problemas que evoluem de forma extremamente imprevisível, e 0 é o valor mínimo. Marque o valor no eixo O.

RESULTADO:

Se o polígono que representa esse problema estiver na área central do Diagrama RINO-DOMA, em verde, a qual chamo de DOMA, significa que se trata de um rinoceronte domável. Para isso, recomendo identificar o que é preciso para:

- **Direcionar** a energia do acontecimento, encontrando as oportunidades nele existentes.
- **Observar** as dinâmicas do acontecimento.
- **Mitigar** os impactos negativos inevitáveis do acontecimento.
- **Aprender** o que for necessário para direcionar o acontecimento.

Após responder às quatro perguntas da tabela DOMA, recomendo que aplique o fluxograma dos domadores de rinocerontes para efetivar a DOMA.

Entretanto, se o polígono que representa o problema em análise estiver fora da área DOMA, isso significa que é um rinoceronte indomável. Para isso, recomendo identificar o que é preciso para efetivar a "FUGA".

EXEMPLO 1

Autora: Michele Andreozzi

Problema: "Estou com demência."

Rápido? (2) A doença, sendo tratada, pode se desenvolver muito lentamente, podendo se estender por anos, talvez mais que uma década. Mas há uma possibilidade de o tratamento não ser tão eficaz e a evolução da doença ser um pouco mais acelerada.

Imenso? (1) Afeta diretamente apenas Michele.

Nocivo? (4) Se agravada, a doença pode incapacitar Michele quase que totalmente. É um problema agressivo.

Oculto? (3) A evolução da doença tem uma previsibilidade parcial, razoável. Há bastante conhecimento científico sobre ela, mas as variações que existem para cada caso desafiam significativamente essa previsibilidade científica.

Grande parte do problema está dentro da área DOMA, então avalio que a demência da Michele é um rinoceronte *domável* por ela.

ESTRATÉGIAS DOMA

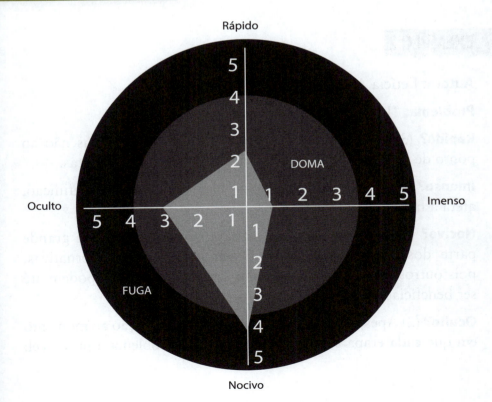

- **Direcionar:** Transformar o diagnóstico em uma fonte de energia para me manter alerta sobre meus cuidados de saúde e viver mais.

- **Observar:** Atentar para a evolução da doença com um especialista, o Dr. Ambrósio.

- **Mitigar:** Criar processos que diminuem o impacto negativo que os efeitos da doença podem criar (exemplo: lembretes, caso eu esqueça de algo importante, acompanhamento permanente da Juliana etc.)

- **Aprender:** Conhecer mais sobre os sintomas da demência e sobre as ações possíveis para diminuir os danos causados por ela e desacelerar a evolução dos sintomas.

Com as estratégias DOMA em mente, Michele deve aplicar o fluxograma dos domadores de rinocerontes.

EXEMPLO 2

Autora: Letícia Andreozzi

Problema: "Impacto da pandemia na Sol Foods"

Rápido? (3) Os impactos da pandemia são rápidos, mas não ao ponto de inviabilizar projeções trimestrais bastante realistas.

Imenso? (5) A pandemia é um problema imenso por definição, afeta a humanidade toda.

Nocivo? (3) A agressividade é razoável. Afeta fortemente grande parte dos setores produtivos. Entretanto, permite alternativas, pois outros setores produtivos não são prejudicados e podem até ser beneficiados pela pandemia.

Oculto? (2) Apesar de ter alguma incerteza em relação ao momento em que cada etapa se dará, a dinâmica do problema é previsível:

isolamento social, criação de vacinas, vacinação, retorno, recuperação após prejuízos pessoais e econômicos.

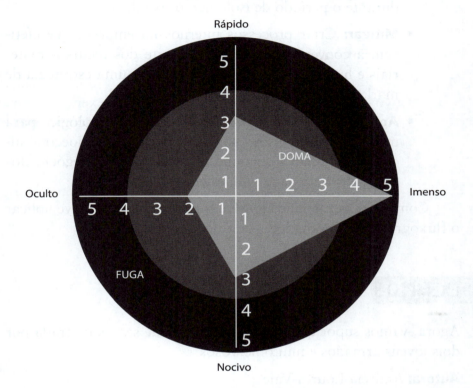

Grande parte do problema está dentro da área de DOMA, então avalio que o impacto da pandemia na Sol Foods também é um rinoceronte *domável* pela Letícia.

ESTRATÉGIAS DE DOMA

- **Direcionar:** Encontrar e desenvolver produtos alternativos que tenham demanda na pandemia: converter a produção da Sol Foods para a geração de novos produtos que continuem sendo demandados mesmo durante a quarentena.

- **Observar:** Atentar para a evolução do mercado e identificar quais produtos continuam sendo demandados durante o período de isolamento social.

- **Mitigar:** Criar processos internos na empresa que efetivem a conversão produtiva de parte dos recursos materiais e humanos da Sol Foods, além de uma estratégia de marketing para atrair esses novos clientes.

- **Aprender:** Estudar sobre a evolução epidemiológica para melhorar as previsões sobre os impactos socioeconômicos da pandemia e conhecer mais sobre o negócio dos novos produtos que serão incorporados.

Com essas estratégias DOMA em mente, Letícia deve aplicar o fluxograma dos domadores de rinocerontes.

EXEMPLO 3

Agora, vamos supor que eu tenha acabado de ser sequestrada por dois jovens armados e muito nervosos.

Autora: Andréia Loures-Vale

Problema: "Sequestro"

Rápido? (5) O sequestro se desenrola em velocidade vertiginosa.

Imenso? (1) Apenas eu estou sendo afetada diretamente.

Nocivo? (5) O risco máximo — ser morta — é iminente.

Oculto? (4) Apesar de conseguir compreender um pouco das intenções dos sequestradores — obter o máximo de dinheiro possível em pouco tempo —, a dinâmica do problema ainda é bastante imprevisível.

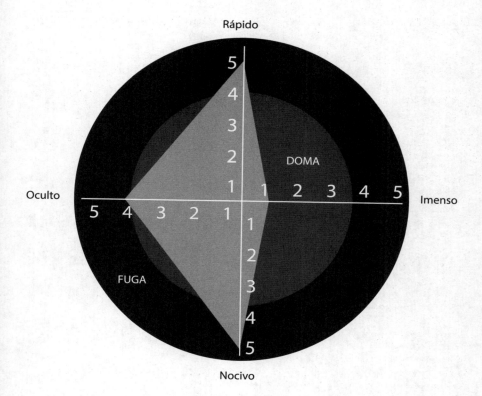

Grande parte do problema está na área de FUGA, então avalio que esse sequestro é um rinoceronte *indomável*. Não devo tentar canalizar sua energia, e sim apenas fugir. Nesse caso, fugir significa manter o foco em uma única meta: sobreviver ao sequestro.

Você, sua existência singular e única, é fruto de um cruzamento imenso e caótico de uma miríade de possibilidades e acontecimentos naturais e históricos. E o que você vai fazer com o tempo de vida que tem em suas mãos é infinitamente impactante. Sua capacidade de criar algo novo com tudo que está disponível, de escolher um foco, de se adaptar às circunstâncias do caminho, de manter uma compreensão panorâmica do sentido de tudo e de tomar decisões ágeis, essa é sua grande potência.

CAPÍTULO 9

DOMADORES DE RINOCERONTES: O GUIA

DOMADORES DE RINOCERONTES: O GUIA

Neste capítulo, ofereço um guia simplificado com os principais conteúdos apresentados no livro. Ele facilitará o acesso aos conteúdos de forma prática no dia a dia.

Fique alerta! Observe suas reações diante do problema. Identifique se você está em uma das etapas do ciclo: negação, confusão, raiva e pânico.

Os princípios da inovação pessoal demonstram como o líder do futuro não deve ter o foco em dirigir os outros. O foco deve ser o autoconhecimento para dirigir bem a si mesmo e, dessa forma, inspirar os outros.

O mundo agora é BANI! Quebradiço, ansioso, frágil e incompreensível. Aprenda a viver nesse ambiente.

Não fique imerso no ciclo de negação, confusão, raiva e pânico. Instale o mindset do domador de rinocerontes: enxergue os problemas como uma fonte de energia e busque canalizar essa energia para realizar seus sonhos.

Os fundamentos desse novo mindset são: 1) lembre-se de que o futuro já chegou; 2) não procure aguentar firme e ser resiliente, porque isso não é uma crise, não passará; é a Era do Caos e está só começando; 3) reconheça que já estamos na Era Pós-Digital e aceite que as novas tecnologias já chegaram e já mudaram as dinâmicas da nossa vida profissional e pessoal; 4) saiba diferenciar acontecimentos que são "cisnes-negros" (imensos, impactantes e totalmente imprevisíveis) e os "rinocerontes cinzas" (impactantes, talvez imensos, muitas vezes previsíveis, e frequentemente podem ser domáveis ou até mesmo evitáveis).

Reconheça as cinco habilidades fundamentais dos domadores de rinocerontes (em qualquer ordem): **distanciamento** para ver o problema como um todo e o contexto no qual ele está inserido; **criatividade** para usar todo o conhecimento e as vivências acumuladas como recursos úteis para criar soluções originais; **foco** na solução do problema; **agilidade** na tomada de decisões; e **adaptabilidade** para se transformar quantas vezes forem necessárias para solucionar o problema.

Descubra sua força real, seus talentos e suas capacidades já desenvolvidas. Conheça sua força real. Acredite nela. Não se desvalorize. Ao autoavaliar sua potência, não seja pessimista nem otimista. Seja realista e acredite na força que encontrar em si mesmo.

Saiba identificar se o rinoceronte é indomável. Se um problema se desenrola a uma velocidade frenética e atinge um número imenso de pessoas, ele pode causar um dano extremo e é muito imprevisível. Você está diante de uma fera indomável. Busque sobreviver. Fuja!

Essas são as dimensões básicas para avaliarmos inicialmente um problema: a velocidade (se é exigida uma sequência de reações/ações aceleradas), o tamanho (quantas pessoas são impactadas diretamente), o grau de imprevisibilidade e a agressividade (a intensidade do dano potencial).

Depois de acumular experiências bem-sucedidas como domador, um alerta: não se inebrie. Ao acessar seu poder real de canalizar a energia dos problemas da vida, não se inebrie ao ponto de superestimar seus poderes ou subestimar o poder dos acontecimentos.

Movimente-se! Mais do que nunca, agora, na Era do Caos, manter-se em movimento é necessário. Mesmo que um problema esteja vindo em sua direção, ele não está perseguindo você. Os problemas da vida não são como mísseis teleguiados. Eles são como uma manada de rinocerontes correndo aceleradamente para uma direção. No caso, em sua direção! Se você está habituado a manter sua vida em constante movimento, é mais fácil simplesmente sair daquela posição vulnerável e se colocar em uma nova posição mais segura até os problemas passarem.

Liderar a si mesmo na Era do Caos significa atualizar frequentemente sua forma de funcionar no mundo, explorar as infinitas maneiras de ser quem você pode ser, estar em contínua atualização para versões de si mais adaptadas às novas necessidades, que mudam em uma velocidade vertiginosa. Para não perder o equilíbrio de vez e desabar, você precisará conhecer muito intimamente o seu eixo, seu sentido de vida, e, ao redor dele, realizar muitas reviravoltas, muitas reinvenções de si mesmo, em uma espiral ascendente de inovação pessoal.

Todo este livro ensina você a como se tornar um domador de rinocerontes. Contudo, ao fim deste trabalho, descobrimos que também somos *rinocerontes*. Somos acontecimentos singulares do Universo, capazes de impactar significativamente a realidade social em que nos enredamos.

MENTALIDADE DO DOMADOR DE RINOCERONTES DA ERA DO CAOS

FLUXOGRAMA DO DOMADOR DE RINOCERONTES DA ERA DO CAOS

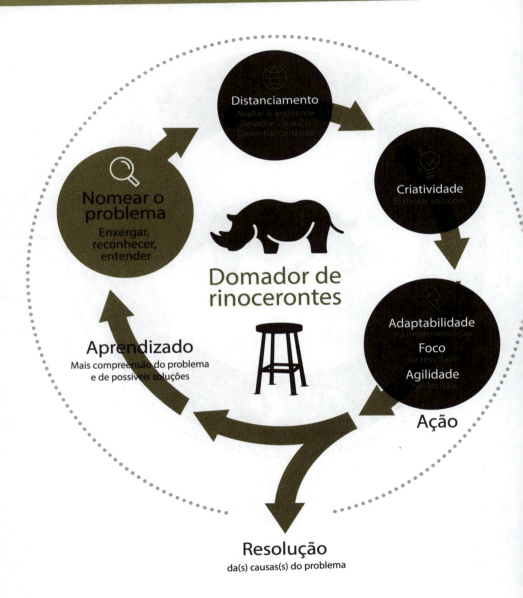

DIAGRAMA RINO-DOMA

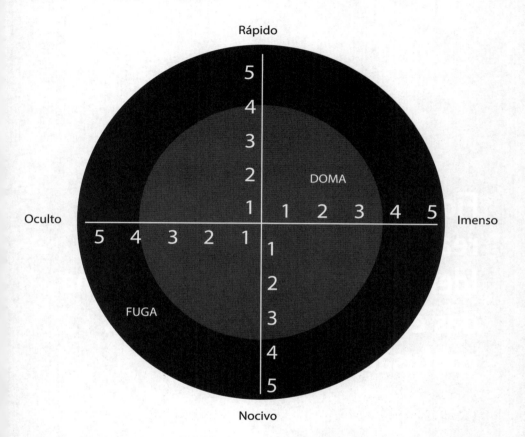

Classifique o problema em escalas de 0 a 5. O problema é rápido? Imenso? Nocivo? Oculto? Aplique os valores no diagrama e desenhe o polígono. Se o polígono ficar fora da área de DOMA, apenas fuja, é indomável. Se o polígono ficar razoavelmente dentro da área de DOMA, elabore estratégias para: **D**irecionar a energia do problema encontrado para as oportunidades nele existentes; **O**bservar a dinâmica do problema; **M**itigar os impactos negativos que forem inevitáveis; e **A**prender o que for necessário para enfrentar o problema. Com a estratégia DOMA em mente, aplique o fluxograma do domador de rinocerontes.

Fique alerta! Observe suas reações diante do problema. Identifique se você está em uma das etapas do ciclo: negação, confusão, raiva e pânico.

Os princípios da inovação pessoal demonstram como o líder do futuro não deve ter o foco em dirigir os outros. O foco deve ser o autoconhecimento para dirigir bem a si mesmo e, dessa forma, inspirar os outros.

O mundo agora é BANI! Quebradiço, ansioso, frágil e incompreensível. Aprenda a viver nesse ambiente.

Não fique imerso no ciclo de negação, confusão, raiva e pânico. Instale o mindset do domador de rinocerontes: enxergue os problemas como uma fonte de energia e busque canalizar essa energia para realizar seus sonhos.

Os fundamentos desse novo mindset são: 1) lembre-se de que o futuro já chegou; 2) não procure aguentar firme e ser resiliente, porque isso não é uma crise, não passará; é a Era do Caos e está só começando; 3) reconheça que já estamos na Era Pós-Digital e aceite que as novas tecnologias já chegaram e já mudaram as dinâmicas da nossa vida profissional e pessoal; 4) saiba diferenciar acontecimentos que são "cisnes-negros" (imensos, impactantes e totalmente imprevisíveis) e os "rinocerontes cinzas" (impactantes, talvez imensos, muitas vezes previsíveis, e frequentemente podem ser domáveis ou até mesmo evitáveis).

Reconheça as cinco habilidades fundamentais dos domadores de rinocerontes (em qualquer ordem): distanciamento para ver o problema como um todo e o contexto no qual ele está inserido; criatividade para usar todo o conhecimento e as vivências acumuladas como recursos úteis para criar soluções originais; foco na solução do problema; agilidade na tomada de decisões; e adaptabilidade para se transformar quantas vezes forem necessárias para solucionar o problema.

Descubra sua força real, seus talentos e capacidades já desenvolvidos. Conheça sua força real. Acredite nela. Não se desvalorize. Ao autoavaliar sua potência, não seja pessimista nem otimista. Seja realista e acredite na força que encontrar em si mesmo.

Saiba identificar se o rinoceronte é indomável. Se um problema se desenrola em velocidade frenética e atinge um número imenso de pessoas, ele pode causar um dano extremo e é muito imprevisível. Você está diante de uma fera indomável. Busque sobreviver. Fuja!

Essas são as dimensões básicas para avaliarmos inicialmente um problema: a velocidade (se é exigido uma sequência de reações/ações aceleradas), o tamanho (quantas pessoas são impactadas diretamente), o grau de imprevisibilidade e a agressividade (a intensidade do dano potencial).

Depois de acumular experiências bem-sucedidas como domador, um alerta: não se inebrie. Ao acessar seu poder real de canalizar a energia dos problemas da vida, não se inebrie ao ponto de superestimar seus poderes ou subestimar o poder dos acontecimentos.

Movimente-se! Mais do que nunca, agora, na Era do Caos, manter-se em movimento é necessário. Mesmo que um problema esteja vindo em sua direção, ele não está perseguindo você. Os problemas da vida não são como mísseis teleguiados. Eles são como uma manada de rinocerontes correndo aceleradamente para uma direção. No caso, em sua direção! Se você está habituado a manter sua vida em constante movimento, é mais fácil simplesmente sair daquela posição vulnerável e se colocar em uma nova posição mais segura até os problemas passarem.

Liderar a si mesmo na Era do Caos significa atualizar frequentemente sua forma de funcionar no mundo, explorar as infinitas maneiras de ser quem você pode ser, estar em contínua atualização para versões de si mais adaptadas às novas necessidades, que mudam em uma velocidade vertiginosa. Para não perder o equilíbrio de vez e desabar, você precisará conhecer muito intimamente o seu eixo, seu sentido de vida, e, ao redor dele, realizar muitas reviravoltas, muitas reinvenções de si mesmo, em uma espiral ascendente de inovação pessoal.

Todo este livro ensina você a como se tornar um domador de rinocerontes. Contudo, ao fim deste trabalho, descobrimos que também somos rinocerontes. Somos acontecimentos singulares do Universo, capazes de impactar significativamente a realidade social em que nos enredamos.

CONCLUSÃO

ALÉM DA METÁFORA

ALÉM DA METÁFORA

O que você levará deste livro? Você pode ter encontrado uma série de pensamentos, dicas, ideias valiosas. No entanto, creio que o conteúdo mais valioso que você poderá levar é uma metáfora — a metáfora do *domador de rinocerontes*.

Para Consuelo Casula, em seu livro *Metáforas para a evolução pessoal e profissional*: "a definição de metáfora é a de uma história que contém em seu interior múltiplas mensagens com potencial para estimular o processo criativo, não somente em quem constrói e narra, mas também em quem a ouve. A história contida na metáfora e as mensagens nela presentes permanecem na memória do ouvinte e continuam a estimular reflexões e dúvidas e a gerar efeitos evolutivos e mudanças. Ela funciona porque fala ao inconsciente usando uma linguagem universal e porque apresenta um mundo de possibilidades."

Qual é o poder de influência das parábolas de Jesus? Das fábulas milenares chinesas? De filmes contemporâneos como *Matrix*? De contos de fadas infantis como *Cinderela*, *Chapeuzinho vermelho* e *Os três porquinhos*? Metáforas derrubam impérios, fundam civilizações, condicionam personalidades, formam caráter, educam. São ferramentas muito poderosas para ampliar nossa compreensão da realidade e, assim, recursos para aumentar nossa capacidade de intervenção na realidade.

O poder das metáforas é preencher as lacunas da linguagem, ampliar o discurso, impactar o inconsciente. Acredite na força das metáforas. Use essa força a seu favor. As metáforas têm o poder de estimular o processo de mudanças e aumentar o entendimento. São excelentes ferramentas de comunicação e aprendizagem, principalmente quando queremos transmitir significados com múltiplos sentidos. Além de permitir que as informações sejam guardadas com mais facilidade e por mais tempo, elas se comunicam diretamente com nosso inconsciente.

Após a leitura deste livro, você levará consigo a metáfora do *domador de rinocerontes*, com uma constelação de sentidos. Se quiser, em vez de ser atropelado pelos problemas, poderá domá-los. Poderá antever a chegada do rinoceronte em sua sala, analisando constantemente seu entorno e sentindo os acontecimentos com a leitura emocional controlada.

Poderá nomear as coisas, os acontecimentos negativos (ou mesmo positivos), tornando tudo conhecido. E o conhecido é sempre mais amigável e mais fácil de ser entendido e resolvido. Se quiser, em vez de ser atropelado pelas sucessivas crises, pandemias, tragédias naturais da Era do Caos, situações desafiadoras em sua vida, poderá ver rinocerontes à sua volta. Conseguirá até mesmo enxergá-los se aproximando. Desejará conhecê-los melhor, pois já sabe que isso ampliará seu discernimento e lhe trará ainda mais experiências enriquecedoras.

Poderá se ver como um domador de rinocerontes! Alguém capaz de visualizar cenários diferentes, com criatividade, criar formas para canalizar a energia dos acontecimentos, entender os riscos inerentes e se adaptar com foco e agilidade, reinventando um caminho mais feliz em sua vida real.

Poderá se ver como um domador de rinocerontes! Alguém capaz de visualizar cenários diferentes, com criatividade, criar formas para canalizar a energia dos acontecimentos, entender os riscos inerentes e se adaptar com foco e agilidade, reinventando um caminho mais feliz em sua vida real.

ÍNDICE

ação atropelada, reação 152–185
acordo de Paris 90, 99
acreditar em sua força 189
adaptabilidade 139–140, 179
  e o caos 140
  habilidade 176–185
agilidade, habilidade 171–176
  errar rápido 174
alucinações 80
antifrágil, ser 146
autoliderança 134

B

BANI, mundo 41
briga/raiva, reação 152–185

C

caos 32, 41, 87, 134, 140
  e liderança 139
  era do 134
  gestão do 59
  momento de crescer 139
  ou crise? 134–136
cisne-negro
  conceito 39

tese econômica 146, 148
colapso do sistema financeiro mundial 34
comitê de crise 52
condicionamentos mentais e emocionais 37
configuração mental 183
confusão 34, 95–98
confusão/preocupação, reação 152–185
conservadores, estratégia 65
conversão produtiva 65
conversores, estratégia 64
criatividade 183, 192
  habilidade 163–169
    desperdício zero 169
crise 134
  de 2008 34–35, 148

D

depressão 72–73
  sintomas da 72
descontrole emocional 55
desperdício zero 169
diagrama RINO-DOMA 217
distanciamento
  habilidade 158–163
  reflexivo 158

domadores
  adaptabilidade, habilidade 176–185
  agilidade, habilidade 171–176
  criatividade, habilidade 163–169
  distanciamento, habilidade 158–163
  e adaptabilidade 140
  exercício prático dos 39–45
  foco 146
    habilidade 169–171
  habilidades fundamentais dos 157–185
  nova forma de líder 32

efeito borboleta 87
era do caos 33, 37, 41, 134, 171
  compreender a 37
era pós-digital 140
errar rápido 174
espiral evolutiva 177, 179
estilo de vida 189
exercício de autoconhecimento 213

filosofia 133, 174
foco
  habilidade 169–171
  na solução 183–184
fortalecimento interno 134
futurismo 131–132
futuro, o que é 131–132

gestão do caos 59, 62
gestão financeira 54, 55

imprevisibilidade 59
inovação pessoal 230

intuição 176
isolamento social 79

janelas de oportunidades, estratégia 65

Leon Megginson, professor 176
líder 37
  do futuro 41
liderança 32
  e caos 139
  na Era do Caos 32
liderar
  a si mesmo 33
    na Era do Caos 41–45
líder do futuro 130
  foco 228

mapas mentais 61
market share 64
mecanismos de controle 62
medo 105, 112, 115, 125
  da morte 125
mentor 146
metodologia 133
métricas 62
mindset 167
morte 125
  medo da 125
mundo BANI 41
mundo VUCA 41
músculo da criatividade 163

Nassim Nicholas Taleb 146
negação 34
  reação 152–185
nomear o problema 215

pandemia de Covid-19 36–37, 64
pânico 34
  reação 152–185
pedagogia 174

Q

quadro de treinamento de habilidades 198

R

raiva 34
realizar um sonho 139
reinventar 105–106
repertório sociocultural 167
resiliência 139–140
  e o caos 140
resolução de problemas 146, 195
rinocerontes 37
  -cinzas, tese econômica 146
    conceito 34
  domar 37
  domáveis 204
    agressivos 206
    imensos 204

imprevisíveis 206
velozes 204
indomáveis 201
RINO-DOMA, diagrama 217

sentinelas criativos, estratégia 63
  função dos 64
sessões de terapia 82
sonhos 107
sucesso, definição 39
surto 82

T

tecnologia 133
teoria da antifragilidade 146
tomada de decisões 171
  agilidade na 174
transtorno bipolar não tratado 83–84

Vale do Silício 171
visão do todo 183–184
VUCA, mundo 41

Projetos corporativos e edições personalizadas
dentro da sua estratégia de negócio. Já pensou nisso?

Coordenação de Eventos
Viviane Paiva
viviane@altabooks.com.br

Assistente Comercial
Fillipe Amorim
vendas.corporativas@altabooks.com.br

A Alta Books tem criado experiências incríveis no meio corporativo. Com a crescente implementação da educação corporativa nas empresas, o livro entra como uma importante fonte de conhecimento. Com atendimento personalizado, conseguimos identificar as principais necessidades, e criar uma seleção de livros que podem ser utilizados de diversas maneiras, como por exemplo, para fortalecer relacionamento com suas equipes/ seus clientes. Você já utilizou o livro para alguma ação estratégica na sua empresa?

Entre em contato com nosso time para entender melhor as possibilidades de personalização e incentivo ao desenvolvimento pessoal e profissional.

PUBLIQUE SEU LIVRO

Publique seu livro com a Alta Books. Para mais informações envie um e-mail para: autoria@altabooks.com.br

CONHEÇA OUTROS LIVROS DA **ALTA BOOKS**

Todas as imagens são meramente ilustrativas.

 /altabooks   /alta-books   /altabooks  /altabooks